河北省社会科学基金项目（HB21YJ002）

面向"双碳"目标的河北省清洁能源产业发展战略研究

李金颖　李金超　马天阳　著

中国电力出版社
CHINA ELECTRIC POWER PRESS

内 容 提 要

本书为河北省社科基金重点项目成果（项目编号：HB21YJ002）。本书在收集大量河北省清洁能源生产相关数据的基础上，系统地分析了河北省风电、光伏、生物质能、氢能等主要清洁能源发展战略，并应用博弈分析对发展过程中相应的监管问题进行了研究，提出清洁能源产业发展相关的监管措施，体现了理论分析与实证研究的结合特点，并具有较强的综合性和系统性。

本书可供能源电力相关领域的研究人员使用，也可为能源、环境等政府职能部门制定相关政策、能源投资企业进行投资决策提供参考。

图书在版编目（CIP）数据

面向"双碳"目标的河北省清洁能源产业发展战略研究 / 李金颖，李金超，马天阳著 . -- 北京：中国电力出版社，2024. 11. -- ISBN 978-7-5198-9452-8

Ⅰ . F426.2

中国国家版本馆 CIP 数据核字第 2024C1W044 号

出版发行：中国电力出版社
地　　址：北京市东城区北京站西街 19 号（邮政编码 100005）
网　　址：http://www.cepp.sgcc.com.cn
责任编辑：陈　硕（010-63412532）
责任校对：黄　蓓　于　维
装帧设计：郝晓燕
责任印制：吴　迪

印　　刷：固安县铭成印刷有限公司
版　　次：2024 年 11 月第一版
印　　次：2024 年 11 月北京第一次印刷
开　　本：787 毫米 ×1092 毫米　16 开本
印　　张：12
字　　数：187 千字
定　　价：66.00 元

本书为河北省社会科学基金项目研究成果（项目编号：HB21YJ002）。

随着全球气候变化的影响越来越显著，碳减排问题也成为全球关注的主要话题之一。国际社会多次进行协商，共同应对气候变暖问题，解决的主要途径就是实现清洁能源替代。我国也积极参与全球环境与气候的治理，实施节能减排措施，大力发展清洁能源产业，2020年习近平总书记在第七十五届联合国大会上宣布"中国将提高国家自主贡献力度，采取更加有力的政策和措施，二氧化碳排放力争于2030年前达到峰值，努力争取2060年前实现碳中和"，"双碳"目标对我国能源转型提出了更加迫切的要求。

在"双碳"目标背景下，各省市积极推进清洁能源的开发与利用，河北省利用丰富的可再生能源资源，大力发展风电、光伏等清洁能源产业，实现可再生能源电力装机规模显著增长。但面对实现"双碳"目标的要求，河北省能源系统清洁低碳转型的任务还很艰巨。2020年河北省一次能源生产结构中，化石能源占比为66.34%，在消费结构中的占比更是高达93.18%，如何推动清洁能源的规模化、持续化和高质量发展，成为河北省要考虑的问题。本书分析了河北省的能源利用现状和碳排放现状，对清洁能源产业发展的市场潜力进行了预测，应用系统动力学方法对"双碳"目标下的清洁能源发展路径进行了模拟。结合河北省的资源状况和产业基础，选择了风电、光伏、氢能和生物质能四种清洁能源产业为研究对象，对其发展环境、发展协调度进行了分析，并对发展战略提出了相关建议。

作为河北省社会科学基金项目研究成果，本书在准备过程中得到了许多人的帮助与支持。在此，感谢黄艺斌、赵雅欣、刘畅、康博、陈航、张冰华等同学，他们参与了本课题的资料收集、数据整理等工作。感谢张彩庆老师在课题进行中给予的指导，感谢在本书调研过程中给予帮助的各位同事、各位领导与专家。

限于编者水平，书中还存在不足之处，敬请读者批评指正。

编者
2024年8月

第 1 章

"双碳"目标与清洁能源发展

1.1 "双碳"目标的提出

人类活动造成了温室气体的过量排放，使得温室效应不断增强，全球气候变暖。气候的变化带来自然灾害增加、冰山融化、生物链破坏等一系列问题，因此，减少温室气体排放成为人类社会要完成的重要任务。温室气体包括二氧化碳、甲烷、氧化亚氮等，其中二氧化碳所占比例最大，约为 25%，二氧化碳减排成为解决气候恶化的关键。1991 年联合国启动了国际气候公约谈判，并在 1992 年达成《联合国气候变化框架公约》，它是第一个为全面控制二氧化碳等温室气体排放，以应对全球气候变暖给人类经济和社会带来不利影响的国际公约，也是国际社会应对全球气候变化进行国际合作的一个基本框架。公约区分了发达国家和发展中国家在控制温室气体排放中的责任，要求发达国家作为温室气体的排放大户，采取具体措施限制温室气体的排放，并向发展中国家提供资金以支付他们履行公约义务所需的费用。而发展中国家只承担提供温室气体源与温室气体汇的国家清单的义务，制订并执行含有关于温室气体源与温室气体汇方面措施的方案，不承担有法律约束力的限控义务。公约建立了一个向发展中国家提供资金和技术，使其能够履行公约义务的资金机制。以公约为框架，各国又进行了多次谈判，1997 年签订了《京都议定书》，中国于 1998 年 5 月签署并于 2002 年 8 月核准了该议定书。《京都议定书》明确规定了各国温室气体减排的具体任务和目标，并建立了国际排放贸易机制、联合履行机制和清洁发展机制。这些机制的建立，可以使发展中国家通过碳交易获得相关技术和资金，也有助于发达国家更灵活地达到减排目标。2007 年在印度尼西亚巴厘岛举行的联合国气候大会上又通过了《巴厘路线图》，提出应在 2020 年前将温室气体排放量相对于 1990 年排放量减少 25% ～ 40%。但在之后的谈判中，关于各国应该承担的减排义务难以达成共识，2009 年，确定各国二氧化碳排放量问题的《哥本哈根协议》未被通过，到 2010 年，《哥本哈根协议》主要共识才写入《坎昆协议》中。2015 年在第 21 届联合国气候变化大会上通过了《巴黎协定》，这是第二份有法律约束力的气候协议，这一协定对 2020 年后全球应对气候变化的行动作出了统一安排，它提出要将全球平均气温较前工业化时期上升幅度控制在 2℃以内，并努力将温度上升幅度限制在 1.5℃以内，在 21 世纪下半叶实现温室气体净零排放。《巴黎协定》要求各缔约方递交国家自主贡献目标，我国于 2015 年 6 月向联合国提交了应对气候变化国家自主贡献文件，提出了到 2030 年单位国内生产总值二氧化碳排放量比 2005 年下降 60% ～ 65% 的目标。

我国一直积极参与应对气候问题的全球治理，并在解决气候变化问题中承担了大国责任。2020 年，在第 75 届联合国大会一般性辩论上，习近平主席提出"二氧化碳排放力争于 2030 年前达到峰值，努力争取 2060 年前实现碳中和"，这就是应对气候变化问题的"双碳"目标。碳达峰就是指二氧化碳的排放量要在未来某个时期达到最大值，之后将逐渐下降；碳中和就是指二氧化碳净零排放，随着二氧化碳排放持续下降，在未来某个时刻，人类活动排放的二氧化碳与人类活动产生的二氧化碳吸收量达到平衡，也就实现了净零排放。"双碳"目标的承诺体现出中国加快绿色低碳发展的决心。

1.2 "双碳"目标实现的路径分析

1.2.1 影响碳排放的主要因素

1. 经济因素

经济因素是影响碳排放的重要因素。改革开放以来，我国经济呈现快速增长趋势，1978 年，我国人均国内生产总值（GDP）仅为 385 元，到 2021 年，人均 GDP 已经增长为 80 976 元。扣除价格的影响，40 多年来，我国人均 GDP 年增长率达到了 10% 以上。经济的增长也伴随着能源消耗的快速增加，1978 年，我国人均能源消费量为 0.594t 标准煤，到了 2021 年，这一数字已经增长为 3.709t 标准煤。由于我国能源消费结构以化石能源为主，所以化石能源消费的增加带来了二氧化碳排放的增加。当然，经济对碳排放的传导会受到许多因素的影响，这也使得它们之间的关系是动态变化的。1991 年，美国经济学家格罗斯曼（Grossman）和克鲁格（Krueger）首次实证研究了环境质量与人均收入之间的关系，提出了环境库兹涅茨曲线（EKC），这是一个倒 U 形曲线，当一个国家经济发展水平较低的时候，碳排放较少，但是随着人均收入的增加，碳排放将逐渐提升，环境恶化程度随经济增长而加剧，当经济发展达到一定水平后，会迎来拐点，达到碳排放的峰值，随着人均收入的进一步增加，碳排放开始下降，环境质量逐渐改善。环境库兹涅茨曲线成为之后人们研究环境与经济之间关系的重要理论依据，许多学者应用该理论进行了实证研究，但研究结果存在较大的差异，如傅俊越（2023 年）分析了重庆市污染物的环境库兹涅茨曲线，认为 EKC 曲线符合倒 U 形的特征。李竞等（2021 年）研究了不同的污染物排放与人均 GDP 之间的关系，发现 SO_2、PM_{10}、NO_2 浓度与经济增长的 EKC 曲线类型有所不同。也有一些学者在对我国各省的环境与经济数据进行研究后认为，各省的经济发展水平与环境污染之间并非完全符合 EKC 假说，而是存在更为复杂的震荡关系。可见，经济与环境之间的关系是受到许多因素影响的，EKC 作为研究经济与环境之间关系的重要分析工具，只给出了趋势的判断，这种趋势产生的原因和影响因素，还需要做具体的分析，这也成为该领域的重要研究方向。

经济因素对碳排放的影响因素主要来源于经济活动产生的能源消耗，因而经济对能源需求的影响也成为常见的分析对象，这种影响不是简单的线性的，除了考虑经济总量的变化，还要考虑到结构效应和强度效应。传统认为，经济总量增长，能源需求会增加。产业结构不同，对能源需求也会产生重要的影响。根据 GB/T 4754—2011《国民经济行业分类》，国民经济行业被分为三次产业：第一产业是指农、林、牧、渔业及农林牧渔服务业；第二产业是指采矿业，制造业，电力、燃气及水的生产和供应业，建筑业；第三产业是指交通运输、仓储和邮政业，信息传输、计算机服务和软件业，批发和零售业，住宿和餐饮业，金融业，房地产业，租赁和商务服务业等。在三个产业中，第二产业，特别是工业对能源的消耗强度较大，如果在经济系统中第二产业所占比重大，将对节能减排带来较大的压力。

图 1-1 反映了我国三大产业贡献率的变化，第三产业的贡献率呈现出增长趋势，第二产业则是持续下降，这种变化对能源消耗量降低起到了积极的作用。

图 1-1　三大产业贡献率

我国三大产业能源消费量比重如图 1-2 所示。第二产业一直是能源消费占比最高的产业，2010 年，在三大产业能源消费量中，第二产业占比达到82%，到 2021 年，这一比例尽管有所下降，但仍然占到 78%。对第二产业的节能降碳和绿色低碳转型仍是我国实现"双碳"目标的重要举措。

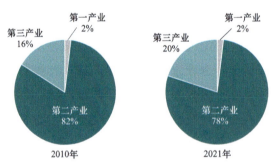

图 1-2　我国三大产业能源消费量比重

能源强度是影响经济与能源需求之间关系的又一个重要因素，随着技术水平的提高，单位产出能耗下降，可以减小能源需求的增长速度。近年来，我国经济发展方式逐渐转变，"十九大"提出了高质量发展的表述，要"建立健全绿色低碳循环发展的经济体系"，这明确了我国经济发展应以创新性、再生性、生态性、精细性、高效益为特征。"双碳"目标的制定进一步推动了我国经济发展方式的转变，经济结构和单位产出能耗都将不断优化，因此，在分析未来能源需求时，必须考虑到结构与强度的变化。在影响碳排放的经济因素中，经济增长方式、产业结构都成为人们关注的焦点，早期的经济增长方式是一种粗放式、高耗能的增长方式，经济规模的扩大带来资源消耗增加，从而造成更多的污染排放，环境质量恶化。随着经济增长方式由粗放型向集约型转变，产业结构的优化，人均碳排放会减少，环境质量可以得到改善。

2. 技术因素

一般认为，技术进步对碳排放发挥着重要的抑制作用，随着技术进步，生产效率得到了提高，使得单位产出增加，能源强度下降，这有助于减少生产对自然与环境的影响；环保技术的发展，使得高耗能、高排放的设备被清洁高效的设备替代，也直接带来了污染排放的减少。许多学者对技术进步带来的碳排放效应进行了研究，大多数结论都认同技术进步有助于碳减排，但也有些学者认为这种作用不是单一的，不同类型的技术进步对碳减排的影响存在着差异，技术进步带来的影响在不同行业或不同地区间也存在差异。李新安等（2021 年）研究了绿色技术创新对制造业整体及劳动密集型行业碳排放带来的影响，认为技术创新存在显著的碳抑制作用，但对资本密集型行业的碳排放则因规模效应大于生态效应而存在正向作用。薛飞等（2022 年）研究了人工智能技术对碳排放的影响，认为人工智能技术对碳排放的影响主要是由提高能源利用效率带来的。通过论证，他们发现人工智能与碳排放之间的关系是倒 U 形，但不同的地区所处的阶段不同，东西部地区人工智能技术与碳排放之间的倒 U 形关系非常显著，但中部地区，人工智能技术的碳减排效应还没有出现，所以应该针对不同地区的具体情况采取不同的措施。

3. 人口因素

人口因素对碳排放的影响首先来自人口增长，人类的生活需要消耗能源，而这也是二氧化碳排放的重要来源。随着人口的增长，二氧化碳排放量也将增加，二者之间存在正相关关系，已有研究认为人口数量每提高 1%，将引起碳排放量增加约 1%。自 1987 年以来，我国人口增长率整体呈现下降趋势，但由于人口基数较大，人口增长的绝对数量仍然可观，以 2020 年为例，人口增长率达到历史新低，为 0.14%，但净增人口的绝对量仍达到 204 万人。人口的净增引起对产品需求的增加，在产品生产过程中能源的消耗带来了碳排放的增加。

除了人口数量，家庭规模、人口结构也对二氧化碳排放产生了影响。2000年我国家庭规模为3.44人，2010年降低到3.10人，而根据第七次全国人口普查的数据，到2020年，中国大陆地区平均家庭户规模为2.62人，比2010年减少了0.48人。家庭规模缩小导致家庭数量的增加，同时，家庭人均收入在不断增长，人民生活水平提高，人们的消费需求也越来越强，这就使得能源的消费逐渐增加。人口城镇化率的提高是引起能源碳排放增加的又一个因素，人口城镇化率的提高改变了能源消费量和能源消费结构，从而引起碳排放量的变化。1980—2020年城市与农村居民人均生活能源消费量如图1-3所示。2016年以前，我国城市居民的人均能源消费水平一直高于农村人均能源消费量，但这一差距一直在缩小。1980年，城市居民人均能源消费水平是农村居民的5.5倍，到2000年，差距缩小到2.4倍，2016年，农村居民的人均能源消费水平超过了城市居民。这种变化的来源是多方面的，如城镇化促进了教育水平的提高，人们节能和环保意识提升，进而影响到能源利用效率。城镇化影响了能源消费结构，电能、天然气等能效较高、对环境影响较小的能源种类占比提升，这对节能和减少碳排放都具有积极作用。但城镇化进程也会带来城市基础建设规模的扩大，建设的过程是大量使用能源的过程，也是增加碳排放量的过程。综上分析，城镇化率对碳排放的影响是多维度的。

图1-3　1980—2020年城市与农村居民人均生活能源消费量

4. 能源因素

碳排放主要来源于化石能源的燃烧，所以能源因素是影响碳排放的最主要因素，经济、技术、人口等因素大多也是通过能源因素对碳排放产生作用。能源因素包括能源消费总量、能源消费结构、能源利用效率等。能源消费总量是造成碳排放的关键，尽管从 2007 年以后，我国能源消费增速下降，但受到经济发展、人口规模扩大等因素的驱动，能源消费总量仍呈现出持续上升的趋势，2000—2020 年我国能源消费量和增长率如图 1-4 所示，2020 年，我国能源消费总量已经达到 498 000 万 t 标准煤，是 20 年前的 3 倍。

图 1-4　2000—2020 年我国能源消费量和增长率

我国能源生产和消费结构主要统计煤、石油、天然气以及一次电力和其他能源等类型。前三种是传统的化石能源，具有不可再生性，对环境的影响较大。当然，不同的化石能源在燃烧过程中，单位能源所产生的碳排放量不同，也就是碳排放系数不同，如煤炭的碳排放系数为 0.747 6t 碳 /t 标准煤、原油为 0.585 4t 碳 /t 标准煤、天然气为 0.447 9t 碳 /t 标准煤，显然煤炭的碳排放系数远高于石油和天然气。我国的能源结构，长期以来以化石能源为主，特别是煤炭占比较高。我国能源消费结构如图 1-5 所示，展示了我国能源消费结构的变化趋势：1978 年，煤炭在我国一次能源消费中的比例是 70.7%，到 2020 年降低到 56.8%。石油占比较为稳定，1980—2020 年之间在 18% 左右，天然气占比呈现上升趋势，但增长速度较为缓慢，仅从 1978 年的 3.2%上升到 2020 年的 8.4%。从化石能源的总体趋势上看，尽管煤炭、石油和天然气等化石能源在消费中所占比重呈现下降趋势，但到 2020 年，化石能源在消费中的占比仍高达 84.1%，太阳能、风能、水能、核能等清洁能源的利用占比仍然较低。化石能源占比高成为我国碳排放较高的主要原因，提升清洁能源比重，推动能源结构转换将是实现"双碳"目标的关键。

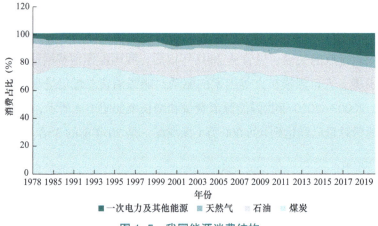

图 1-5 我国能源消费结构

能源效率是反映能源消耗水平和利用效果的重要指标，提高能源效率可以有效地降低能源消费量，所以这也是影响碳排放的一个重要因素。能源效率分为单要素能源效率和全要素能源效率。单要素能源效率只衡量能源消耗与经济产出之间的关系，如用单位国内生产总值能源消费量这一指标来反映，这种衡量方法未考虑其他要素对能源效率的影响。全要素能源效率则是在考虑到资本、人力等要素投入的情况下衡量出的能源效率，这种衡量方法提出后就得到了人们的广泛认可，认为它能够较好地测量出能源要素和其他要素在生产中的技术效率，通过对不同地区的全要素能源效率进行评估，论证了能源效率的提高可以降低环境压力。

5. 政策因素

政策干预是控制碳排放的重要因素，为应对气候恶化问题，许多国家都制定了一系列的低碳政策。这些政策可以分为两大类，一类是通过行政命令的方法，直接控制经济主体的碳排放行为，如制定碳排放的限度、生产过程中最低的能耗水平、汽车的最低尾气排放标准等；另一类是通过经济手段，如碳税和碳排放权交易等政策。碳税是针对碳排放而征收的一种环境税，通过对燃煤、汽油、航空燃油、天然气等化石燃料产品，按其碳含量的比例征税，以达到节能和减排的目的。碳排放权交易源于 20 世纪提出的排污权交易，排污权交易就是限定一定区域内的排放总量，将其分成若干份额，形成排污权，政府可以采用不同的方式分配排污权，获得排污权的企业也可以在二级市场对排污权进行交易。无论是碳税还是碳排放权交易，都是通过市场机制，将对环境的影响内在化，从而影响到经济主体的成本和收益，引导经济主体自觉改变碳排放行为。

1.2.2 碳达峰和碳中和的路径选择

为应对环境问题，国际社会进行了大量的努力，并提出了实现向可持续、净零排放和有韧性的世界过渡的目标，目前已经有许多国家与地区提出了碳中和战略，如美国、欧盟、英国等提出要在 2050 年实现碳中和，我国也提出要在 2060 年实现碳中和的目标。根据对碳排放影响因素的分析可知，为实现碳达峰和碳中和，应该优化产业结构和能源结构、控制能源消费总量和单位产出能耗、推进社会经济绿色低碳化发展。大部分国家选择以结构调整为基础的碳中和实现路径，力图通过能源结构调整与产业结构调整来实现碳中和。

碳中和目标实现之前，需要先实现碳达峰，2021 年 10 月，国务院印发了 2030 年前碳达峰行动方案的通知，该方案把碳达峰、碳中和纳入经济社会发展全局，提出我国应有序有效地做好碳达峰工作，各地区、各领域、各行业都要明确目标任务，促进生产和生活方式的绿色变革，推动经济社会发展是建立在资源高效利用和绿色低碳发展的基础之上，确保如期实现 2030 年前碳达峰目标。在提出的实现碳达峰的行动方案中，首要的就是对能源利用进行绿色转型，合理控制并逐步减少煤炭的消费，促进煤炭消费转型升级，有序淘汰落后的煤电，大力发展新能源。新能源包括风能、太阳能、生物质能等多种，它们具有可再生、对环境影响小等特点，因此，为实现低碳和零碳，风电、太阳能发电、生物质能发电等将成为能源利用的主要类型。在《2030年前碳达峰行动方案》中，我国明确提出要实现集中式和分布式风电、光伏发电的大规模开发和高质量发展，到 2030 年，风电、太阳能发电总装机容量达到 12 亿 kW 以上，因地制宜利用生物质能。水电也是重要的可再生能源，水电的开发和利用在我国已经有很长的历史，在未来的能源体系中，仍会占据重要地位，我国将进一步推进水电基地建设，因地制宜发展小水电以及水电与风电、太阳能发电的协同互补。为促进清洁能源电力的发展，还要加快新型电力系统的建设。积极发展新能源＋储能、源网荷储一体化和多能互补，支持分布式新能源合理配置储能系统。预计到 2025 年，新型储能装机容量达到 3 000 万 kW 以上。到 2030 年，抽水蓄能电站装机容量达到 1.2 亿 kW 左右，省级电网基本具备 5% 以上的尖峰负荷响应能力。

综上所述，大力发展可再生能源，实现清洁能源替代是实现"双碳"目标的关键，提高清洁能源的利用率已经成为各国降低碳排放总量的重要途径。我国在《"十四五"可再生能源发展规划》中，也明确了可再生能源发展的阶段性目标：到 2025 年，可再生能源消费总量要达到 10 亿 t 标准煤左右。"十四五"期间，可再生能源在一次能源消费增量中占比超过 50%。可再生能源发电量增量在全社会用电量增量中的占比超过 50%，风电和太阳能发电量实现翻倍，到 2025 年，可再生能源年发电量达到 3.3 万亿 kWh 左右。全国可再生能源电力总量消纳责任权重达到 33% 左右，可再生能源电力非水电消纳责任权重达到 18% 左右，可再生能源利用率保持在合理水平。

1.3　我国清洁能源发展现状及环境分析

1.3.1　我国清洁能源发展的现状

根据对环境的影响程度，能源可以分为清洁能源和非清洁能源，清洁能源从广义上指所有对环境无污染或低污染的能源，如煤炭通过洁净煤技术处理后，变成广义的清洁能源。清洁能源从狭义上就是指可再生能源，包括水能、风能、太阳能、生物质能、氢能等，这些能源消耗之后可以再生，在使用过程中不产生或少产生污染物，有利于能源和环境的可持续发展。可再生能源被认为是最理想的清洁能源，是未来我们开发的重点，本书所研究的清洁能源是狭义的概念。

1. 水能

水能是我国开发利用较早的一种可再生能源，1975 年我国建成首座百万千瓦级的刘家峡水电站，后来又建设了鲁布革、二滩、小浪底等多项水电工程，1994 年，三峡水电站开工建设，这是世界上最大规模的综合性水利枢纽工程，这些水电站为我国的经济建设提供了重要的能源保障。1980—2020 年我国水电在能源生产中的占比如图 1-6 所示。水力发电量在一次能源生产中的占比持续提高，到 2020 年，水力发电占比为 4.6%，比 1980年增长了 3.4%，达到 13 552 亿 kWh。我国的江河水能理论蕴藏量为 6.91 亿

kW，每年可发电 6 万多亿 kWh，可开发的水能资源约 3.82 亿 kW，年发电量 1.9 万亿 kWh，所以我国水能利用还有较大的开发潜力。

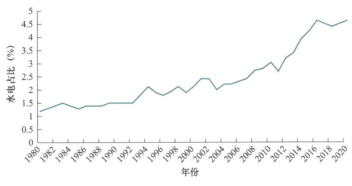

图 1-6　1980—2020 年我国水电在能源生产中的占比

但受到水力资源地理位置分布不均衡的影响，我国水能利用的区域差异较大，水力发电量排名前三的省份是四川、云南和湖北，2020 年三省水力发电量占到全国水力发电量的 60%。河北省是水力资源较匮乏的省份，2020 年水力发电量仅占到全国水力发电量的 0.11%。

2. 风能

我国拥有较丰富的风能资源，据统计总储量约 32.26 亿 kW，其中可开发和利用的陆上风能储量有 2.53 亿 kW，近海可开发利用的风能储量有 7.5 亿 kW，合计约 10 亿 kW。我国最大的风能资源区分布在东南沿海及附近岛屿，这些地区的有效风能密度大于、等于 $200W/m^2$ 的等值线平行于海岸线，沿海岛屿的风能密度可在 $300W/m^2$ 以上，有效风力出现时间百分率可以达到 80% ~ 90%，一年中风速大于或等于 8m/s 出现时间为 7 000 ~ 8 000h，风速大于或等于 6m/s 的时间为 4 000h。陆上风能资源丰富的地区主要分布在"三北"、青藏高原等地区，其中新疆北部、内蒙古、甘肃北部，有效风能密度为 $200 ~ 300W/m^2$，全年风速大于或等于 3m/s 的时数在 5 000h 以上，全年中风速大于或等于 6m/s 的时数为 3 000h 以上。

丰富的风能资源为发展风电产业提供了基础，我国大规模的开发风电还是在 20 世纪 80 年代以后。1986 年，马兰风力发电厂在山东荣成并网发电，这标志着我国风力发电的开始，随后我国又建成了一批风电项目。2001 年以后，我国风力发电进入快速增长期，"十一五"期间，风电装机容量连续五年翻番。2010 年底，我国风电装机总容量达到 4 473.3 万 kW，超过美国成为全球风电装机规模最大的国家，风电并网容量也达到了 2 956 万 kW。"十二五"期间，风电装机容量年均增长 29%，到 2015 年底，我国累计并网装机容量达到 1.29 亿 kW，风电装机在电力装机总量中的比重达到 8.6%。除了风电装机总量的增加，风电的开发区域布局也逐步优化，风电消纳较多的华东、华中和华南地区风电装机规模逐渐扩大。另外，设备基本实现了国产化，风电技术研发水平不断提高，国际标准制定话语权有所提升，具有国际竞争力的完整风电产业服务体系基本形成。建立了较为完善的促进风电发展的政策和行业管理体系，基本形成了规范、公平、完善的风电行业市场环境，风电开发进入到精细化发展阶段。"十三五"时期，我国风电依然保持较高速度发展，全国风电并网装机容量年均增长 16.9%。到 2020 年底，全国累计并网风电装机容量达 28 153 万 kW，占全国电源总装机容量的 12.8%，占非化石电源装机容量的 28.6%。2010—2021 年我国风力发电量及装机容量如图 1-7 所示，给出了我国风力发电量增长的趋势。可以预计，在碳达峰和碳中和的目标背景下，"十四五""十五五"仍然会是风电的高速发展期，在"十四五"的第一年，我国风电装机已经增长到 32 848 万 kW。

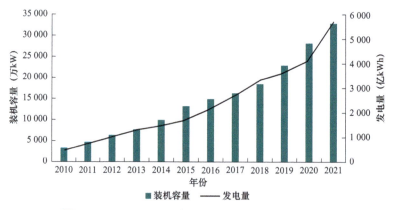

图 1-7　2010—2021 年我国风力发电量及装机容量

3. 太阳能

太阳能是太阳在核聚变反应过程中产生的能量，它是地球上大多数能源的最终来源。我国的太阳能资源十分丰富，最丰富的地区是青藏高原，另外新疆、内蒙古、山西、陕西北部、河北、山东、辽宁、吉林西部、云南中部和西南部、广东东南部、福建东南部以及海南岛东部和西部等广大地区的太阳辐射总量也很大,这为我国开发利用太阳能资源提供了基础。

光伏发电是我国大力开发太阳能资源的主要形式,尽管我国光伏发电起步较晚,在"十一五"期间我国才明确提出要积极发展太阳能等可再生能源,到 2010 年底,光伏装机仅 89 万 kW,但随后光伏发电进入到快速增长阶段,2015 年底,光伏装机达到 4 318 万 kW。"十二五"期间,太阳能发电装机容量年均增长 177%,超过了其他可再生能源发展速度,也使我国成为全球光伏发电装机容量最大的国家。"十三五"期间,我国太阳能开发利用的速度进一步加快,2020 年,光伏累计装机达到 25 343 万 kW,其中分布式光伏装机 7 827 万 kW。2011—2020 年我国光伏累计装机容量如图 1-8 所示,反映了近年来我国光伏建设规模的变化趋势。

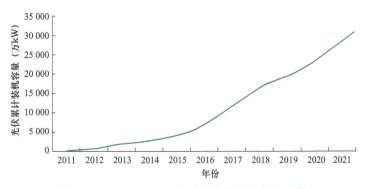

图 1-8 2011—2020 年我国光伏累计装机容量

4. 生物质能

生物质能一直是人类赖以生存的重要能源之一,但早期人类对生物质能的利用效率较低,为解决全球性的化石能源危机,减少温室气体排放的问题,通过对生物质能高效利用,以替代不可再生的化石能源,已经成为许多国家应对环境问题的选择。生物质能发电是生物质能的主要利用形式,包括农林废弃物直接燃烧发电、农林废弃物气化发电、垃圾焚烧发电、垃圾填埋气发电、沼气发电等,就是利用将农业、林业和工业废弃物,甚至城市垃圾进行燃烧来发电,根据国际可再生能源机构的数据,近年来全球生物质能发电总装机容量呈现稳定增长趋势,2021 年达到 143.2GW。我国生物质能发电装机容量如图 1-9 所示,可见我国生物质能发电装机容量增长也很显著。但在我国总发电量中的比例还很低，2021 年累计装机仅占全国发电装机容量的 1.6%，我国生物质能的开发利用仍有较大的潜力。

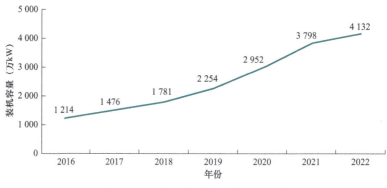

图 1-9　我国生物质能发电装机容量

5. 氢能

氢是宇宙中分布最广泛的元素，它构成了宇宙质量的 75%，在地球上其主要以化合态的形式出现。氢能是一种二次能源，也是人类为解决环境问题而重点关注的清洁能源，它具有能效高、方便储存等特点，这些特点使氢能成为低碳能源体系中的重要构成部分。

我国有着较丰富的氢能资源，也将氢能作为重要的发展领域，2022 年出台了《氢能产业发展中长期规划（2021—2035 年）》。规划中提出：到 2025 年，我国要构建成完善的氢能产业政策环境，产业创新能力显著提高，基本掌握核心技术和制造工艺，并初步建成较完整的供应链和产业体系；氢能具有市场竞争能力，可再生能源制氢量要达到 10 ～ 20 万 t/ 年，实现碳减排 100 ～ 200 万 t/ 年，到 2035 年，可再生能源制氢广泛应用，有力支撑碳达峰目标实现。但受到不同地区的资源禀赋、生产成本等因素的影响，我国氢气产能分布不均衡，各地区应根据本省的具体情况，制定出适合本省情况的氢能发展战略。

6. 其他

除了上述几种主要的可再生能源，清洁能源还包括地热能、潮汐能等多种能源类型。可利用的地热能包括天然温泉、通过热泵技术开采利用的浅层地热能等，我国地热资源丰富，已发现温泉有 3 000 多处。地热应用前景广阔，丰富的地热资源可用于发电、供暖等。但我国地热资源分布不均衡，地热资源主要集中在藏南、滇西、川西等地区。潮汐能是一种海洋能，由于太阳、月球对地球的引力以及地球的自转导致海水潮涨和潮落形成的水的势能。我国的潮汐能也十分丰富，主要集中于浙江、福建、广东和辽宁等省份。

1.3.2 "双碳"目标背景下清洁能源产业发展环境分析

"双碳"目标推动了能源绿色转型，为清洁能源产业发展带来了机遇。目前我国能源消费仍处于上升趋势，力争到2030年之前达到峰值。根据我国"双碳"目标的总体部署，到2030年，非化石能源消费比重要达到25%左右，其中风电和太阳能发电的总装机容量要达到12亿kW以上。到2060年，要全面构建清洁低碳安全高效的能源体系，非化石能源消费比重达到80%以上。这意味"双碳"目标的提出使清洁能源市场需求扩大，为清洁能源产业快速发展提供了契机。当前我国发展清洁能源产业已具有许多有利的条件，但对面临的问题也应该加以重视。

1. 清洁能源资源丰富，但地区分布不均衡

我国地域辽阔，拥有丰富的可再生能源资源，为开发和利用太阳能、风能等清洁能源提供了良好的基础。但我国可再生能源的区域分布不均衡，如风能主要分布在北部、西部地区和东南沿海地区，太阳能主要分布在西部干燥区，其中，内蒙古额济纳旗以西、甘肃酒泉以西、青海100°E以西大部分地区、西藏94°E以西大部分地区、新疆东部边缘地区、四川甘孜部分地区最丰富，四川东部、重庆大部、贵州中北部太阳能资源较低。资源分布不均衡且多处于偏远地区，这种资源环境对清洁能源的消纳带来了挑战。

2. 技术进步促进了清洁能源产业发展，但仍存在瓶颈

技术是清洁能源产业发展的重要影响因素，近几十年来，我国在清洁能源开发和应用领域的技术研发，取得了显著进步。水电是我国发展较早，技术成熟的一种清洁能源，近年来，我国通过技术创新，进一步提高了巨型水电工程的开发能力，在300m级高混凝土拱坝、200m级高碾压混凝土重力坝、250m级高混凝土面板堆石坝、300m级高土心墙堆石坝、700m级高边坡加固处理技术、高水头大流量泄洪消能技术、巨型地下洞室群建设技术、深埋长隧洞设计建设技术、复杂地基处理技术等方面不断取得技术突破，陆续建设了一批重大水电工程。风力、光伏发电等技术近年来也取得了较快的进展，

风电技术进步主要表现在单机容量扩大和海上风电开发加速上。2022 年，我国生产出自主研发、拥有完全自主知识产权的 13MW 抗台风型海上风电机组，这是亚洲单机容量最大的风电机组。光伏技术的进步使光伏在效率、性能上都有了显著改善，如传统硅基太阳能电池的效率通常在 15% ～ 23%，2022 年由我国光伏企业隆基绿能自主研发的硅异质结电池转换效率达到 26.81%，成为全球硅太阳能电池效率的最高纪录。除了水电、风电和光伏发电技术的进步，我国在氢能开发、储能等领域，也增加了技术创新力度并取得了显著的成绩。新能源技术的成熟促使了清洁能源开发成本的下降，推动了新能源平价上网的进程，为能源转型提供了助力。新能源应用技术开拓了清洁能源应用市场，为扩大消纳水平提供了帮助。

但清洁能源大规模的增长必须保证安全性和持续性，技术研发仍需要加强，特别是针对储能、智能化电网相关技术。如果风电、光伏等新能源电力成本与储能成本之和小于火电成本，这些新能源电力在市场上才真正具有了竞争力。目前储能成本仍然较高，这也成为未来我国清洁能源产业要解决的重点技术问题。

3. 政策支持由直接补贴方式向市场化激励转变

为促进清洁能源发展，我国出台了一系列的扶持政策，在发展之初，由于风电、光伏发电成本较高，所以标杆电价、电费分摊等政策对这些清洁能源产业的发展起到重要的推动作用。但是可再生能源发电量的快速增长也带来与电网消纳能力之间的矛盾，弃风弃光现象一度非常严重，这成为该产业健康持续发展的主要障碍。为此，国家发展改革委出台了可再生能源电力消纳的保障性机制，规定了各省消费电量中可再生能源电量应该达到一定比例。"双碳"目标提出后，国家在《"十四五"规划和 2035 年远景目标纲要》中明确提出要建设清洁低碳、安全高效的能源体系，加快发展非化石能源，特别是大力发展风电、光伏，建成多能互补的清洁能源基地，有序发展海上风电，"十四五"期间非化石能源占能源消费总量比重提高到 20% 左右。国家也开始构建和完善绿色电力市场，建立了绿电交易制度和绿证交易制度，通过市场化方式，支持清洁能源产业的发展。2021 年国家发展改革委发布了《关于2021 年新能源上网电价政策有关事项的通知》，明确了 2021 年以后新备案的集中式光伏电站、工商业分布式光伏项目和新核准陆上风电项目，将实行平价上网，中央财政不再提供补贴，这些清洁能源项目可以通过绿电交易或绿证交易使环境效益内在化，市场化趋势对清洁能源产业的发展带来了挑战。

4. 环保意识的提高，有助于清洁能源的推广

近年来我国建立了碳交易市场、绿电绿证交易市场，这些促进了企业自觉履行环保责任意识的提高。碳交易是指碳排放权的交易，我国碳交易市场的交易内容主要有两种。一种是碳排放配额，通过配额分配，规定各排放主体的排放配额，持有 1 个单位配额表示企业拥有向大气中排放 1t 二氧化碳当量的温室气体的权利，这是碳交易市场的主要标的物，企业可以将多余的碳配额出售给未完成控排任务的企业，实现额外收入。另一种是国家核证自愿减排量（CCER），也就是经国家发展改革委备案，并在国家注册登记系统中登记的温室气体自愿减排量。我国经过几年的碳交易市场试点，2021 年建立了全国范围的碳市场，全国碳市场第一个履约周期共纳入发电行业重点排放单位 2 162 家，年覆盖温室气体排放量约 45 亿 t 二氧化碳，其中 847 家重点排放单位存在配额缺口，缺口总量为 1.88 亿 t，累计使用国家核证自愿减排量（CCER）约 3 273 万 t 用于配额清缴抵消。绿色电力是指符合我国有关政策要求的风电、光伏等可再生能源发电，对绿色电力用户的消费核发绿色电力证书，该证书支持对绿色能源的来源和消耗进行认证。绿色电力证书是我国可再生能源电量环境属性的唯一证明，1 个绿证单位对应 1 000kWh 可再生能源电量，它是认定可再生能源电力生产、消费的唯一凭证。我国 2017 年开始推行绿色电力证书制度，并建设了绿色电力证书自愿认购平台，政府通过一系列激励政策，激发了社会对绿色电力的消费潜力，使绿色电力证书和绿色电力交易规模持续增长。据统计，2022 年我国绿色电力证书核发数量为 2 060 万个，到 2023 年 3 月，我国已经累计发放绿色电力证书 7 230 万个，其中交易量为 1 740 万个。这些市场的建立从经济上激励了企业主动进行可再生能源的消费，对清洁能源发展起到积极作用。另外，企业对 ESG 的重视程度日益提高也反映了社会环保意识的增强，ESG 是指环境（environment）、社会（social）和治理（governance），它是一种综合性的评估框架，通过 ESG 评价，可以反映出企业经济效益和可持续发展的综合绩效。为提高企业 ESG 评级，许多企业进行了能源消费的绿色转型，提高了清洁电能的消纳比例。

第2章

河北省清洁能源产业发展潜力分析

2.1 河北省能源系统概况

2.1.1 河北省能源流分析

河北省是工业大省，以钢铁、装备制造等为主要支柱产业，这种经济结构使河北省成为能源消费大省。在能源消费中，煤炭、石油、天然气等传统化石能源又占了较大的比重。近年来，河北省的能源消费量一直处于全国前列，总体呈现上升趋势。河北省能源消费量如图 2-1 所示，特别是2000—2015 年，河北省能源消费增长速度明显加大，2015 年以后，能源消费增长速度减缓，特别是煤炭的消费，在 2017 年消费量达到最高点，随后开始明显下降，而一次电力及其他能源的消费量在 2015 年以后增速加大。这说明2015 年河北省提出的能源"双控"政策取得了一定的效果。

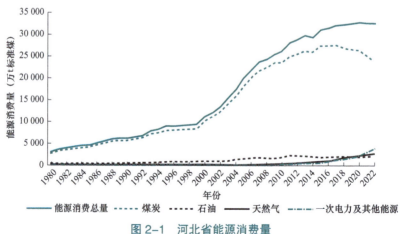

图 2-1 河北省能源消费量

为更深入地了解地区能源系统状况，可以应用能源平衡表或能流图，对区域能源供应、转换和利用进行分析。能源平衡表是以矩阵形式的表格将各种能源供应、加工转换、传输损失及终端消费的数据集中在一起，反映各种能源在报告期内的流向与平衡关系。作为能源经济学和能源系统领域重要的分析方法，能流图能够清晰刻画各类能源从供应端到消费端经过储备、加工转换、分配等流动过程，它对分析能源流动过程有着突出优势。图 2-2 所示，2020 年河北省能流图中，从左到右反映了能源从获得再到加工转换最终达到消费端的流动情况。

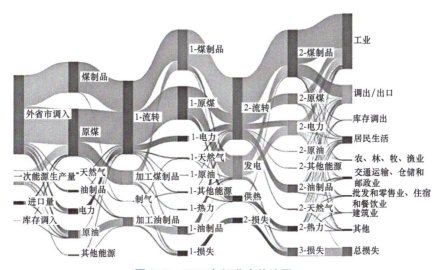

图 2-2 2020 年河北省能流图

2020 年，河北省能源系统输入总量为 37 101.26 万 t 标准煤，其中一次能源生产总量为 5 538 万 t 标准煤，比 2019 年增长了 4.3%。在一次能源生产构成中，原煤占比 64.16%，原油占比 14.02%，天然气占比 0.12%，一次电力（水电、风电、核电）占比 13.17%，其他能源占比 8.53%。与 2019 年相比，其他能源和一次电力的生产量分别增加了 78.9%、16.2%，原煤、原油、天然气的一次生产降低了 1.98%、1.17%、4.40%。从能源消费总量来看，2020 年可供河北地区消费的能源总量为 29 848.9 万 t 标准煤，对比 2019 年消费总量增长 0.34%。可供河北地区消费能源构成具体为：煤类占可供地区消费能源总量的 83.94%，油类占比 8.04%，一次电力（水电、风电、核电等）占比 5.15%，天然气占比 1.46%，其他能源占比 1.40%。对比 2019 年，煤类消费比重降低 1.42%，天然气及其他能源消费分别提升 0.63%、0.61%，油类和一次电力消费比重变化不大。能源一次生产和消费情况综合表明，2020 年河北能源结构进一步优化，向绿色低碳的能源结构转型，煤炭的产量和消费量稳定下降，其他能源和一次电力的产量提升，用于调整能源结构的天然气和其他能源的消费量逐步提升。

河北省能源结构虽然在不断优化，但能源转型的压力仍然较大。2021 年全国能源消耗总量为 52.4 亿 t 标准煤，其中煤炭占比 56%，石油占比 8.5%，天然气占比 8.9%，化石能源占总能源消费量的 73.4%。河北省能源消耗总量为 3.26 亿 t 标准煤，占全国能源消费总量的 6.2%，其中煤占比为 67%，石油占比 6.6%，天然气占比 7.6%，化石能源占比达到 81.2%，高于全国平均水平。

而且，河北省的能源对外依存度偏高。2020 年，河北省从外省市调入和国外进口的能源总量为 31 497.1 万 t 标准煤，占能源系统总输入量的 81.37%。其中，原煤及煤炭制品输入占外省市调入和国外进口总量的 83.91%，原油及油制品输入占比 9.94%，电力输入占比 4.74%，天然气输入占比 1.40%。根据能源从外省市调入量和进口量与能源系统总输入量，可以得出河北能源对外依存度。河北省主要能源对外依存度如图 2-3 所示，可以看出，河北对煤类和天然气的对外依赖度呈现增长趋势，油类和电力的对外依赖度呈现降低趋势。

2021 年我国地区生产总值与电能消费量排名前十二的省（自治区），见表 2-1。在能源效率方面，2021 年河北省地区生产总值（地区 GDP）为 40 391.3 亿元，在全国居第 12 位，但能源消费量居全国前列，以电能消费为例，2021 年河北省社会用电量为 4 294 亿 kWh，排到全国第 5 位。

图 2-3 河北省主要能源对外依存度（一）

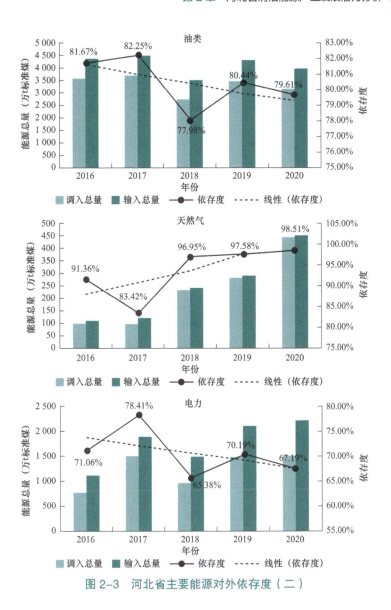

图 2-3　河北省主要能源对外依存度（二）

表 2-1　2021 年我国地区生产总值与电能消费量排名前十二的省（自治区）

排序	省(自治区)	地区 GDP（亿元）	排序	省(自治区)	用电量（亿 kWh）
1	广东	124 369.7	1	广东	7 867
2	江苏	116 364.2	2	山东	7 383
3	山东	83 095.9	3	江苏	7 101

排序	省(自治区)	地区GDP（亿元）	排序	省(自治区)	用电量（亿kWh）
4	浙江	73 515.8	4	浙江	5 514
5	河南	58 887.4	5	河北	4 294
6	四川	53 850.8	6	内蒙古	3 957
7	湖北	50 012.9	7	河南	3 647
8	福建	48 810.4	8	新疆	3 460
9	湖南	46 063.1	9	四川	3 275
10	上海	43 214.9	10	福建	2 837
11	安徽	42 959.2	11	安徽	2 715
12	河北	40 391.3	12	山西	2 608

2021年河北省万元GDP能耗为0.807t标准煤，远高于全国水平0.458t标准煤，因此河北省节能减排工作顺利推进对全国实现"双碳"目标具有重要意义。为优化能源结构，提高能源利用效率，缓解能源对经济发展的瓶颈作用，河北省出台了一系列清洁能源相关发展规划，在河北省"十四五"规划中，明确提出实施清洁能源替代工程，大力发展光伏、风电、氢能等新能源；在2022年出台的"十四五"新型储能发展规划中，也将2025年河北省非化石能源比重从7%提高至13%，可再生能源电力消纳由14.2%提高到22.8%，减少二氧化碳排放1.3亿t定为目标。虽然，河北省正不断加快新能源开发和利用的步伐，但由于技术、成本等因素的制约，短期内新能源还不能大量代替传统能源。因此，煤炭、石油、天然气在相当长时期内还是河北主要消耗能源。

2.1.2 河北省能源碳排放分析

以化石能源为主的能源消费结构造成了较高的二氧化碳排放，排放因子法是普遍认为适用性最广的碳排放核算方法，大多应用于国家或地区宏观层面的碳排放核算，本章采用《2006年IPCC国家温室气体排放清单指南》提供的碳排放核算方法，对河北省二氧化碳排放总量进行了核算。碳排放总量为

$$E = \sum_i \sum_j AC_{ij} \times NCV_j \times CC_j \times O_j \times 44/12 \qquad (2-1)$$

式中：E 为二氧化碳排放总量；i 为各个部门；j 为各类化石燃料品种；AC 为化石燃料消费的实物量，万 t 或亿 m³；NCV 为各类燃料的低位热值，MJ/kg 或 MJ/m³；CC 为各类燃料的含碳量，kg/GJ；O 为各类燃料的氧化率；44/12 为二氧化碳转换系数。

根据 2020 年河北省能源利用数据，分析碳流情况，在所有能源种类中，除去与碳排放关系较小的其他能源，电力和热力中绝大部分能源来自煤炭及其制品、油类制品和天然气等，所以在进行热力电力碳排放核算时仅计算煤炭及其制品、油类和天然气类。2020 年河北省各部门能源消费碳排放量见表 2-2，2020 年河北省碳流图如图 2-4 所示。

碳流图从左到右分别表示三大化石能源所产生的碳排放分别来自哪个产业，每一条碳流都包括产生二氧化碳的能源种类和属于哪类产业。碳流图显示出，工业、火力发电、供热是河北省二氧化碳排放的主要来源。这是由这些产业的工艺流程和河北的资源禀赋共同决定的，对这三个产业的二氧化碳减排应该是在保障需求的前提下，淘汰落后产能，降低煤炭在能源总消费中的比重。对于火力发电和供热部门，河北省由于能耗水平已经与国际先进水平接轨，通过优化产业流程来实现减排的收益较低，未来可以通过大力发展风、光、氢、核等零碳能源替换掉部分化石能源发电进而减少二氧化碳排放。

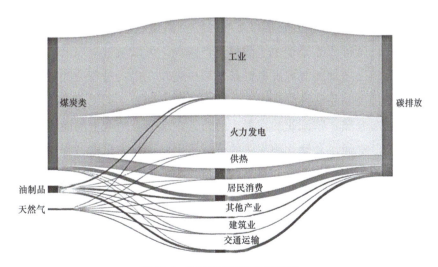

图 2-4　2020 年河北省碳流图

表 2-2   2020 年河北省各部门能源消费碳排放量   （单位：万 t）

项目	煤炭类	油制品	天然气
工业	40 326.95 （97.41%）	798.01 （1.93%）	272.70 （0.66%）
建筑业	1.47 （0.72%）	203.47 （99.2%）	0.18 （0.09%）
交通运输	0.62 （0.04%）	1 141.63 （77.3%）	334.70 （22.66%）
其他产业	201.31 （33.25%）	391.89 （64.73%）	12.18 （2.01%）
居民消费	1 943.66 （61.98%）	1 047.16 （33.39%）	145.05 （4.63%）
火力发电	19 056.49 （99.92%）	13.26 （0.07%）	2.59 （0.01%）
供热	5 552.40 （99.44%）	22.29 （0.40%）	8.83 （0.16%）

注　括号内为该能源种类占该部门总排放比例。

油类制品消费在建筑业和交通运输业的碳排放中占据主导地位，油类制品造成的碳排放分别占建筑业和交通运输业碳排放总量的 99.2% 和 77.3%。建筑行业中的碳排放主要产生于建材生产阶段，可以通过采取低碳工艺生产建材、在建筑上增加新能源发电设备等减少建筑在运行过程中的碳排放。交通运输业的油类制品碳排放是建筑业的 5.62 倍，随着人们消费水平的提升以及国内交通、仓储、物流业的发展，河北省在交通运输业上的能源增速将保持稳定增长。交通、仓储、物流业的碳减排主要依靠在运输过程中进行碳减排，因此应大力推动新能源、氢燃料电池汽车，使绿色电力、氢能逐步代替汽油、燃料油等化石能源。

图 2-5 和图 2-6 分别显示了 2015—2020 年河北省各部门碳排放量和各类能源的碳排放量。

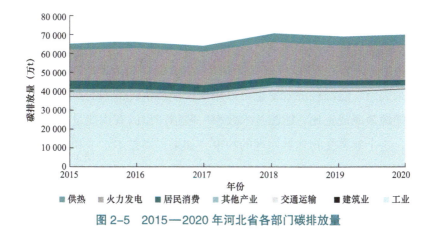

图 2-5　2015—2020 年河北省各部门碳排放量

图 2-6　2015—2020 年河北省各类能源碳排放量

从碳排放总量上看，2018—2020 年河北省碳排放的趋势相较于 2015—2018 年更为平稳。从部门角度分析，2015—2020 年工业部门、火力发电、供热的碳排放量呈增长趋势，建筑业、其他产业、居民消费的碳排放量呈明显下降趋势，交通运输的碳排放量则较为稳定。从能源角度分析碳排放量，煤炭类和天然气类的碳排放量为上升趋势，油类的碳排放量呈现下降趋势。这一现象表明河北在节能减排、调整能源结构、发展新能源产业等方面的政策支持发挥了重要作用。未来河北省还需要进一步优化产业结构，提高非化石能源和天然气等清洁能源的消费比重，降低煤炭、石油等高碳能源的比重。

2.1.3　河北省能源利用效率分析

1. 河北省能源效率概况

能源效率一般是指产出与能源投入的比，它可以由不同的指标来表示，主要包括能源经济效率指标和能源技术效率指标。能源经济效率指标是指单位产出经济量所消耗的能源量,这一指标值越低,表示能源效率越高,能源经济效率指标通常用宏观经济领域的单位 GDP 能耗和微观经济领域的单位产品能耗来表示。能源经济效率也可以用单位能源消耗带来的产出表示,这一比值与能源效率成正比。能源技术效率一般指产出的有用能量与投入的总能量之比,这个效率受物理学原理的约束,如果提高技术水平和管理水平,可以促进能源技术效率的提高。本节选择单位产出能耗和能源加工转换利用效率两个指标反映河北省能源利用状况。

单位产出能耗主要指在一定时期内,一个国家或地区每生产一个单位的国内生产总值所消耗的能源。图 2-7 显示了 2011—2021 年河北省单位 GDP 能耗,可见,河北省单位 GDP 能耗基本呈现逐年下降趋势,2021年,全省单位 GDP 能耗 0.807t 标准煤/万元,比 2011 年的 1.313 下降了 38.5%。

2020 年河北省各地区万元地区生产总值能耗变化率见表 2-3,各地均呈下降趋势,降幅最大的为雄安新区,下降幅度为 22.03%。而万元地区生产总值电耗的变化趋势不同,承德、张家口、沧州、邯郸等地区上涨,其他地区呈现下降趋势。

图 2-7　2011—2021 年河北省单位 GDP 能耗

表 2-3　　　　　　　　2020 年河北省各地区万元地区生产总值能耗变化率

地区	万元地区生产总值能耗上升或下降（%）	能源消费总量增速（%）	万元地区生产总值电耗上升或下降（%）
石家庄（不含辛集市）	-4.23	-0.5	-4.30
承　德	-5.53	-1.8	2.28
张家口	-2.64	0.8	3.15
秦皇岛	-5.90	-2.0	-4.16
唐　山	-1.52	2.8	-3.37
廊　坊	-5.07	-1.8	-1.34
保　定（不含定州市、雄安新区）	-3.08	0.7	-0.55
沧　州	-3.13	0.8	1.15
衡　水	-4.87	-1.1	-2.81
邢　台	-4.48	-1.0	-4.71
邯　郸	-3.41	0.7	0.19
定　州	-2.67	0.6	-3.31
辛　集	-0.25	3.6	-2.53
雄安新区	-22.03	-0.2	-23.18

　　能源加工转换效率是指在一定时期内，能源经过加工、转换后，产出的各种能源产品的数量与同期内投入加工转换的各种能源数量的比率。该指标可以反映能源加工转换装置和生产工艺的状况及管理水平的高低，2015—2021 年河北省能源加工转换效率见表 2-4。

表 2-4　　　　　　　2015—2021 年河北省能源加工转换效率　　　　　（单位：%）

年份	总效率	火力发电	供热	煤炭洗选	炼焦	炼油及煤制油
2015	77.48	39.69	73.87	87.58	97.96	98.26
2016	77.39	39.85	73.82	86.28	97.29	98.07

续表

年份	总效率	火力发电	供热	煤炭洗选	炼焦	炼油及煤制油
2017	74.45	39.98	75.83	90.20	90.61	93.67
2018	74.90	40.17	77.46	93.06	95.01	92.71
2019	72.99	39.74	79.91	88.16	91.12	98.48
2020	73.75	40.13	80.41	88.57	91.43	97.04
2021	75.17	41.13	79.73	89.97	93.34	97.95

由表2-4可知，近年来河北省能源加工转换总效率呈现下降趋势。在分项上，火力发电、供热、煤炭洗选的能源加工转换效率呈现上升趋势，而炼焦、炼油及煤制油等出现效率下降，特别是炼焦的能源加工转换效率，2021年比2015年下降了4.62%。根据《焦化行业"十四五"发展规划纲要》的数据，我国焦化生产企业有500余家，焦炭总产能约6.3亿t，其中山西省产能超过1亿t，处于第一位，河北省焦炭产能约8 601万t，处于第二位。炼焦过程中的能源利用水平对河北省能源加工转换效率的提升具有重要作用。

综上分析，河北省近年来在节能降耗上取得了明显成效，但河北省产业结构偏重的状况还没有根本转变；各地节能进展也不平衡，企业技术、设备状况有待进一步提高，河北省节能降耗任务还很艰巨。

2. 基于SE-SBM模型的河北省能源效率评价

当前能源效率测度的方法主要包括两类：一类是全要素测度法，另一类是单要素测度法。全要素测度法除考虑能源消费和经济产出外，还可以将其他生产要素投入考虑在内，也可以综合劳动、资本等多项投入对产出的影响。因而，本文采用全要素测度法对河北省能源效率进行了分析。

数据包络分析（DEA）是常用的全要素效率测度方法，由于传统的DEA模型忽略了松弛变量等因素，导致决策单元（DMU）效率水平有偏差，Tone（2001）在DEA模型的基础上提出了引入松弛变量的SBM模型。但单SBM模型仅能判断DMU是否有效，无法对决策单元进行进一步排序，因而Tone（2002）进一步提出了SE-SBM模型以克服传统DEA模型效率值最大为1的不足。本文采用SE-SBM模型对河北省的能源效率进行了测度。考虑到"双碳"目标,在测度河北省全要素能源效率时,将二氧化碳排放量引入到 SE–SBM 模型中作为非期望产出,这更加符合生态经济发展的要求。本文所使用的非期望产出 SE–SBM 模型有以下三个优点:首先,相较于传统 SBM 模型,当多个决策单元同时有效时,该模型可以有效解决这些决策单元的排序问题;其次,能够有效解决松弛变量问题;最后,该模型考虑了可持续发展及环境的影响。

SBM 模型规划形式为

$$\rho = \min \frac{1 - \frac{1}{q}\sum_{i=1}^{q}\frac{\overline{y}_i}{x_{i0}}}{1 + \frac{1}{v_1 + v_2}(\sum_{r=1}^{v_1}\frac{s_r^g}{y_{r0}^g} + \sum_{i=1}^{v_2}\frac{s_r^b}{y_{i0}^b})} \qquad (2\text{--}2)$$

$$x_0 = X\lambda + s^- \qquad (2\text{--}3)$$

$$y_0^g = Y^g\lambda - s^g \qquad (2\text{--}4)$$

$$y_0^b = Y^b\lambda + s^b \qquad (2\text{--}5)$$

$$\sum_{i=1}^{n}\lambda_i = 1, s^- \geq 0, s^g \geq 0, s^b \geq 0 \qquad (2\text{--}6)$$

式(2–2)为 BCC 模型结构式,如果为 CCR 结构式,则没有式(2–6)的限制条件。式(2–2)中的 x、y^g、y^b 代表决策单元的投入项、期望产出项和非期望产出项;s^-、s^g、s^b 分别表示投入、期望产出和非期望产出的松弛向量;λ 为权重向量,模型中下标"0"为被评价单元。目标函数 ρ 为河北省能源效率,其关于 s^-、s^g、s^b 严格单调递减,其取值范围在 0 ~ 1 之间。当 ρ 等于1,s^-、s^g、s^b 均为 0 时,决策单元是有效率的;当 ρ 小于 1 时,表明决策单元存在效率损失,有必要在投入产出上做出相应改进。除此之外,考虑非期望产出的 SBM 模型可能会出现多个决策单元同时有效的情况,从而不便于对这些决策单元进行区分和排序,可以使用超效率 SBM(SE–SBM)模型解决。

本章将应用 SE–SBM 方法,从纵向和横向两个方面对河北省能源利用效率进行分析,决策单元为河北省 2000—2020 年共计 21 年的数据,以及 2020 年全国 30 个省市自治区的数据。数据包括 5 个投入项,1 个产出项和 1 个非期望产出项,SE–SBM 模型指标体系见表 2-5。

表 2-5   SE-SBM 模型指标体系

类型	名称
投入项	就业人口（万人）、资本存量（万元）、煤类（万 t 标准煤）、油类（万 t 标准煤）、天然气（万 t 标准煤）
产出项	GDP（亿元）
非期望产出	二氧化碳排放量（万 t）

投入方面，选取各地区就业人数作为反映劳动投入的指标，选取资本存量作为反映资本投入的指标，选取三类化石能源消费总量作为反映能源投入的指标。

产出方面，包括期望产出和非期望产出两种类别。选取地区生产总值作为期望产出指标。地区生产总值是衡量一个地区总体经济状况的重要指标，为了消除通货膨胀对历年 GDP 的影响，本文以 2000 年为基期，利用河北省 GDP 价格指数平减得到实际地区生产总值。非期望产出方面，选择二氧化碳作为非期望产出指标，二氧化碳排放总量的计算采用 IPCC 建议的终端能源消费计算方法。

（1）河北省能源效率的纵向分析。基于河北省 2000—2020 年的数据，采用 SE-SBM 模型计算河北省各年份的能源效率。河北省 2000—2020 年能源效率评估结果如图 2-8 所示。从趋势上可以看出，河北省能源利用效率呈现 U 形，即能源效率是先降低后提高的，河北省能源利用效率最低点为 2011 年。2000—2011 年由于河北省作为全国重要的能源基地和煤炭消费大省，粗放的经济发展模式不利于能源利用效率的提升，该阶段能源效率呈现总体下降的趋势，特别是 2008—2011 年下降趋势明显，这主要是受 2008 年国际金融危机的影响，河北省的经济发展受到一定的冲击，企业多以恢复经济为主要目标，重点放到生产经营活动中，而对能源利用效率及二氧化碳等废气排放的关注相对降低。2012—2020 年，河北省能源利用效率开始回升，这反映河北省经济开始由粗放发展转向高质量发展。在河北省"十二五"规划中提到，河北省将围绕能源结构进行调整并转变用能方式，支持省内煤炭资源整合提升煤炭生产水平，推进千万千瓦级风电基地和张家口风光储输工程建设，积极推进核电建设。这一系列政策促进了河北省经济、清洁的能源供应体系的构建，实现了河北省能源效率不断提高。

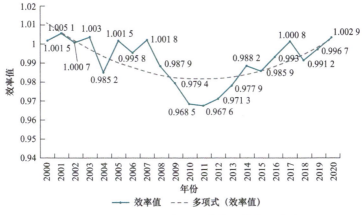

图 2-8　2000—2020 年河北省能源效率评估结果

　　在效率评估结果中，除 2008 —2011 年受金融危机影响导致效率值偏低外，2004、2018 两年则明显低于附近年份的效率水平。通过观察 2004 和 2018 年的投入产出松弛变量值发现，2004 年河北省劳动力投入过少导致了该年能源效率较低，2018 年则是煤炭和石油的投入过多导致的能源效率较低，并且需要加强二氧化碳减排才能达到有效。

　　（2）河北省能源效率的横向分析。考虑到数据的可获取性，本章选择了除西藏、港澳台外的全国 30 个省市自治区进行能源效率分析，结果如图 2-9 所示。河北省的能源利用效率值较低，为 0.329 9，排在倒数第八位，仅高于青海、新疆、宁夏、河南、辽宁、甘肃、天津等省市，说明河北省的能源利用效率还有很大的进步空间。对于非期望产出二氧化碳来说，山西、山东、内蒙古、云南、河北、辽宁、新疆、陕西、宁夏等省（自治区）是中国实现"双碳"目标需要关注的重点省份，这些省（自治区）的二氧化碳松弛变量值在全国各省（自治区）中明显较高。

　　松弛变量值表示该项投入需要减少多少量才能实现决策单元投入产出的有效。2020 年河北省各能源投入值与松弛变量值见表 2-6，河北省煤炭、油类、电力、天然气等能源的松弛变量值分别为 29 448.78、1 355.26、3 891.63、133.54 万 t 标准煤。与当年的投入值进行比较分析，可以得出以下结论：煤炭以及化石能源发电作为河北省的支柱能源，暂时无法实现该松弛变量要求降低的值。油类能源的利用在我国新能源汽车等支持政策的驱动下，可以逐步实现该松弛变量要求降低 1 355.26 万 t 标准煤的要求。天然气要求减少使用133.54 万 t 标准煤，而当前河北省能源政策要求逐步提高天然气的使用比例，故而也无法实现。因此，河北省提高能源投入产出效率的方式是利用自身资源禀赋充分挖掘风力、光伏的潜力，积极推进储能技术的发展以实现对煤炭、石油、火电等能源的替代。

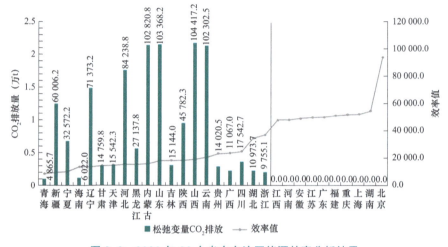

图 2-9 2020 年 30 个省市自治区能源效率分析结果

表 2-6   2020 年河北省各能源投入值与松弛变量值

河北省	煤炭类	油类	电力	天然气
投入值（万 t 标准煤）	29 527.32	4 916.1	5 394.89	2 973.23
松弛变量值（万 t 标准煤）	29 448.78	1 355.26	3 891.63	133.54

从河北省的资源禀赋看，河北省属于矿产资源大省，已发现各类矿产 130种，矿产地 1 530 处，煤炭、铁矿、金矿、地热等资源储量丰富，其中河北省的铁矿资源在全国排名前三。从产业结构看，河北省是中国的工业大省，主要产业包括钢铁、化工、建材、机械、电子、纺织等，其中钢铁产量占全国的四分之一以上。从资源禀赋和主要产业两个维度，在全国 30 个省市自治区中挑选出江苏、山东、广东、浙江、内蒙古等资源、产业与河北省相似的省份，以 2005—2020 年的数据建立 SE-SBM 模型进行比较。2005—2020 年

6 个省（自治区）能源效率比较结果如图 2-10 所示。从图中可以看出河北省的能源效率还有待提高，河北省能源效率在 2007 年时在 6 个省（自治区）中效率最高，之后回落至较低水平。这说明，在同为钢铁、化工、建材、机械、电子、纺织为主要产业的省份中，河北省需要进一步优化能源消费利用模式：加快煤炭清洁高效利用，推进煤炭深加工和综合利用，提高煤炭转化率和附加值，降低煤炭开采、运输和消费过程中的污染排放；大力发展可再生能源，充分利用风力、太阳能、生物质能等清洁能源资源，建设大型风电光伏基地，提高可再生能源在能源消费结构中的比重；推进节能改造和循环利用。

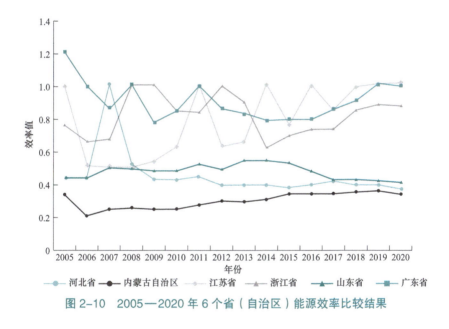

图 2-10 2005—2020 年 6 个省（自治区）能源效率比较结果

2.2 河北省清洁能源产业发展环境分析

2.2.1 河北省清洁能源产业发展的影响因素

1. 能源消费现状

河北省是中国的能源消费大省，钢铁产量连续 17 年全国第一，工业结构偏重，这也造成了全省碳排放量较高，大气污染物超标等诸多环境问题。本节对河北省能源消费现状分析主要从能源消费总量、能源消费结构、能源强度三方面考虑，涉及的数据来自河北省统计年鉴、河北省国民经济与社会发展统计公报、中国能源统计年鉴等官方资料。

（1）能源消费。能源消费可以划分为生活性能源消费和生产性能源消费，图 2-11 反映了 2010—2020 年河北省能源消费情况。

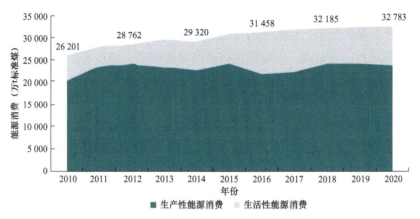

图 2-11　2010—2020 年河北省能源消费情况

通过图 2-11 可知，这 10 年河北省能源消费总量呈上升趋势，但是增长速度在逐年降低，这是由于随着社会经济的发展，用能需求虽然急剧上升，但是科技的进步以及产业链的成熟，使得能源强度降低。生产性能源消费总量 2015 年以前处于较高水平，2015 年后有所下降或持平，这与河北省加强能耗双控密切相关。生活性能源消费总量的增长主要是因为人口数量的增加、科技的进步以及城市化进程的加快，人们的生活水平越来越高，人均能源消费逐年上升，对于能源的消费总量也越来越多。通过对比可以发现，虽然能源消费总量逐年上升，但是生产性能源消费占总体消费的比重处于下降趋势，从 2010 年的 78% 下降到 2020 年的 73%，这说明能源消费结构正在逐步优化。

（2）能源消费结构。河北省能源类型可分为煤炭、石油、天然气、其他能源等，其他能源指风能、太阳能、生物质能等清洁能源以及生产的一次电力。河北省各能源消费占比如图 2-12 所示，煤炭消费占比呈小幅度下降趋势，从 2010 年的 89.7% 逐年下降到 2020 年的 80.5%，煤炭消费量减少了 2 888.12 万 t 标准煤，能源优化取得一定成果。但在能源消费结构中仍处于主体地位，高于全国平均水平，而煤炭又是高碳排放能源，为了"双碳"目标的实现，必须推动煤炭消费的进一步降低。石油消费占比呈小幅度下降趋势，这是由于石油消费量基本持平，随着能源消费总量的上升，造成占比有小幅度下降。天然气占比自 2010 年开始一直处于上升趋势，且增长速度越来越快，由 2010 年的 1.5% 增长到 2020 年的 7%，说明低碳清洁政策取得了一定的成效。其他能源消费占比处于逐年递增趋势，由 2010 年的 1% 上升到 2020 年的 6.8%，虽然占比仍然较低，但增长速度最快，发展潜力大，对于改善河北省能源结构，实现"双碳"目标将发挥重大作用。通过上述分析，河北省能源结构中煤炭占有绝对优势地位，这种能源结构必然不利于碳减排，如果想实现"双碳"目标，推动能源结构向着清洁低碳方向发展，必须实现清洁能源为主导能源，河北省未来的能源转型任务还很艰巨。

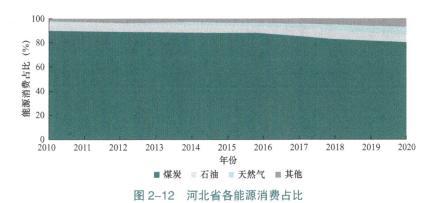

图 2-12　河北省各能源消费占比

（3）能源强度。能源强度表示某地区或行业单位生产总值所需要消耗的能源量，主要体现该地区或行业的能源利用效率以及能源利用所产生的经济效益。2010—2020 年河北省能源强度如图 2-13 所示。可以看出，能源强度基本处于下降趋势，2010 年能源强度相比于 2020 年下降 37.8%，降幅明显。这说明河北省能源利用效率逐年升高，但是和全国平均能源强度相比，河北省能源强度仍高于全国平均水平，能源利用效率相对较差。

通过上述分析可以看出，河北省能源消费总量稳定上涨，能源消费结构虽逐渐改善但仍以煤炭为主体，能源强度正在下降但仍高于全国平均水平，为实现"双碳"目标，降低碳排放，河北省能源系统需要进行深度的优化调整。

图 2-13 2010—2020 年河北省能源强度

2. 经济因素

近年来,河北省国民经济总体发展平稳,人民生活持续改善,保证了经济持续健康发展,本文统计了 2010—2020 年三次产业产值及 GDP 增长率情况如图 2-14 所示。

图 2-14 2010—2020 年三次产业产值及 GDP 增长率情况

由图 2-14 可知,2010—2014 年河北省经济增长率保持在 8% 以上,然后随着经济由高速发展阶段向高质量发展阶段转变,河北省 GDP 增加速度略有下降,维持在 6.5% 左右,到 2019 年全省 GDP 达到 35 104.5 亿元。2020 年由于疫情的影响,河北省 GDP 增长率仅有 3.9%,达到 36 206.9 亿元,其中第一产业 GDP 为 3 880.1 亿元,第二产业 GDP 为 13 597.2 亿元,第三产业 GDP 为 18 729.6 亿元,但基本上全省经济处于一个稳定上升的趋势。

近十年来,河北省的产业结构也逐步发生着变化,第一产业产值基本保持稳定，第二产业产值呈现逐年下降趋势，第三产业产值呈现逐年上升趋势，在 2015 年第三产业增加值首次超过第二产业增加值。第一产业碳排放相对较低。第二产业污染大，是社会碳排放的主要贡献者。第三产业属于绿色产业，单位 GDP 碳排放系数较低。河北省产业结构的转变说明河北省前期的政策已经取得一定的成果，产业结构正在朝着低碳清洁的方向转变。

3. 人口因素

人口是一个国家及地区发展的根本保障，人们的衣食住行需要消耗能源，同时工作生活又可以创造 GDP，为整个社会创造活力。河北省人口基数较大，在第七次人口普查中，河北省常住人口 74 610 235 人，在全国排名第六位。图 2-15 显示了河北省 2010—2020 年的人口总数、出生率及死亡率数据。可以看出，河北省总人口数呈上升趋势，从 2010 年的 7113 万人增加到 2020 年的 7 461 万人，但是人口自然增长率近年来有所下降，增长的绝对人数也呈减少趋势，2019—2020 年增长人数不足 20 万人。死亡率总体来说较为平缓，2017—2020 年一直呈下降趋势，这与近年来人民医疗条件改善有关。可以预计，随着医疗条件的提高，人口死亡率会进一步降低。图 2-15 显示，出生率仅 2014 年、2016 年和 2017 年有所上升，其他年份呈下降趋势，在 2017 年后下降趋势十分明显。但随着中国人口政策的变化，未来出生率预计有所回升，人口数量增速有所加快，这也就意味着生活性能源消耗将持续增长。

图 2-15　2010—2020 年河北省人口自然变动情况

4. 技术因素

随着清洁能源技术的进步，其成本逐渐下降，在电力市场中的竞争能力不断提高，这有利于能源清洁低碳转型，推动能源结构的优化。技术进步还可以促进能源效率的提升，因此，技术因素会对能源系统带来重大影响。

根据《中国统计年鉴》和《河北省统计年鉴》公布的数据，对2010—2020年全国 R&D 经费支出以及 R&D 经费支出占 GDP 的比值相关数据进行了整理。2010—2020 年河北省 R&D 投入情况如图 2-16 所示。河北省 R&D 经费支出呈逐年上升趋势，从 2010 年的 155 亿元增加到 2020 年的 634 亿元，是 2010 年的 4.08 倍，且增长速度也呈逐年增加趋势；R&D 投入占 GDP 的比值由 2010 年的 0.86% 上升到 2020 年的 1.75%。从图中数据可以看出，河北省政府越来越重视对于科研技术的投入，对于科研的投入逐年增加，但是相比于全国平均水平，R&D 投入占 GDP 的比值仍然较小。为了实现"双碳"目标，推动科研技术的进步，实现能源系统的低碳转型，河北省仍需进一步加大对于技术研发的投入。

图 2-16　2010—2020 年河北省 R&D 投入情况

5. 环境因素

近年来，随着城市工业化的推进与发展，河北省遭遇了严重的环境问题，2013—2015 年，"雾霾天"在河北省部分重工业城市频繁出现，如唐山、保定、石家庄等，空气质量全国排名倒数。随着国家可持续发展政策的提出，河北省也越来越重视环保问题，环境污染问题得到缓解。但河北省能源系统碳排放量一直保持较高水平，依据河北省 2010—2020 年化石能源消耗量数据，应用 IPCC（the intergovernmental panel on climate change）的碳排放计算方式，计算出能源碳排放情况。2010—2020 年河北省能源碳排放量如图 2-17 所示。

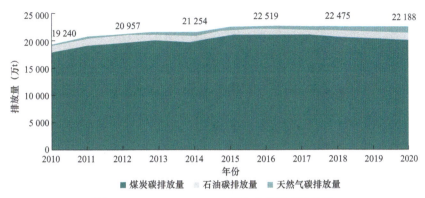

图 2-17　2010—2020 年河北省能源碳排放量

在 2015 年后河北省能源碳排放量基本保持在 22 000 万 t 以上，主要来自煤炭消费，其次为石油和天然气。在 2020 年，河北省能源领域碳排放仍有 90.4% 来自煤炭，为了"双碳"目标的实现，必须采取相应措施进行低碳减排，环境状况反映出河北省面临巨大的节能减排任务。

6. 政策因素

为了"双碳"目标的实现，围绕清洁能源产业的发展，政府有关部门出台了一系列政策性文件，指引未来能源发展方向，推动能源结构变革。

在清洁能源发电产业建设方面，先后出台了《河北省清洁能源产业"十二五"发展规划》《河北省风电光伏发电资源规划》《河北省 2018—2020 年分散式接入风电发展规划》《关于加快推进风电、光伏发电在建项目建设的通知》《完善生物质发电项目建设运行的实施方案》《河北省氢能产业发展"十四五"规划》《关于加快推动清洁能源装备产业发展的实施方案》等一系列文件，为清洁能源资源的开发利用、产业建设、发电入网等提供了指导与激励措施。

在清洁能源消纳方面，先后出台了《清洁能源消纳行动计划（2018—2020 年）》《关于积极推进风电、光伏发电无补贴平价上网有关工作的通知》《关于解决"煤改气""煤改电"等清洁供暖推进过程中有关问题的通知》等一系列措施，为风电、光伏的电力消纳、入网补贴、储能调峰等方面提供指导意见及产业目标。

河北省出台的多部政策文件，涉及风能、太阳能、生物质能、地热能、氢能等各类清洁能源，对清洁能源产业在河北省持续健康发展提供了支持。

2.2.2　河北省清洁能源产业发展环境的 SWOT 分析

1. 优势

（1）清洁能源储量丰富。河北省能源资源丰富，既有丰厚的化石能源，同时风能、太阳能、生物质能、地热能等清洁能源储量丰富，清洁能源发展潜力巨大。其中风能储量约 8 000 万 kW 以上，光照强度可达约 5 900MJ/m^2，全省生物质能总量相当于 2 290 万 t 标准煤，农作物的秸秆年产量约为 5 800 万 t，各地区林业剩余物资源量约 1 552 万 t，全省城镇生活垃圾年清运总量约 1 129.4 万 t。河北省地热能资源分布也很广泛，地热能相当于 1 751.28 亿 t 标准煤，储量约占全国的 1/5。

（2）开发清洁能源产业地理空间条件充足。河北省面积为 18.88 万 km^2，城区面积仅占 6 321km^2，张家口、承德等地区地广人稀，清洁能源储量丰富，适合建设大型清洁能源产业基地，实现产业园区和产业集群充分发展。河北省作为农业大省，农村面积大，发展光伏入户、农光互补等产业模式具备天然优势。在太行山脉附近农村地区地理空间充足，为光伏产业基地建设提供空间条件。

（3）产业规模初步形成。河北省清洁能源产业发展较早，已经取得一定成果。华能、大唐、华电等多家大型电力企业布局张家口、承德、唐山等地市，全省在清洁能源领域也已经拥有了晶澳科技、新天绿能、中国动力等众多企业，在清洁能源设备制造、安装，以及后续"发输储用"等环节具备了一定优势。

（4）应用示范成效显现。河北省着力打造可再生能源示范区，张家口市抓住冬奥会和可再生能源示范区建设的有利时机，工业园区建设处于全国顶尖水平，为全国起到清洁能源发展示范作用。现阶段，河北省正着力打造张承百万千瓦风电基地，唐山、沧州、沿太行山光伏发电应用基地，推进张家口、承德、唐山等地风光电集约开发利用，这将带动全省清洁能源产业的规模化发展。

（5）研发能力逐渐增强。全省加大对清洁能源产业的科研经费投入，与高等院校与技术机构合作，已布局多个产业相关的研发中心，为清洁能源产业发展提供了技术支撑。

2. 劣势

（1）技术瓶颈仍然存在。目前清洁能源技术已经取得了较为显著的进步，陆上风电、光伏规模实现了规模化和产业化发展，度电成本具有了市场竞争能力。随着风电、光伏开发规模的扩大，发展的领域开始由陆上向海上转变，在海上开发风电、光伏等清洁能源发电项目具有资源丰富、发电利用小时高、不占用土地和适宜大规模开发等特点，但海洋环境相较于陆上环境更加复杂，若要实现海上风光发电的规模化、产业化，必须保障发电系统的耐久性、稳定性、可靠性，而且海上风电、光伏项目的成本仍然较高，核心技术掌握在少数企业中，这些都是未来需要解决的问题。

（2）能源转型难度大。河北省能源结构以煤炭为主体，产业结构依赖煤炭等传统化石能源，清洁能源的使用途径主要通过转换为电能，使用终端的差异意味着第二产业为主的能源消费终端需要技术升级改造，对于产业来说，转型建设成本巨大，任务艰巨，积极性不高。

（3）基础设施建设不足。清洁能源基础设施建设不足，清洁能源应用综合成本依旧高昂。河北省清洁能源产业建设发展处于初步阶段，基础设施建设和后续入网改造应用需要大量资金支持，成本大、资金回收周期长，不易吸引企业投资，资金压力过大。

3. 机会

（1）政策红利明显。河北省对于清洁能源的发展在政策上提供了大力支持，有关部门出台了一系列政策性文件，推动能源结构变革，鼓励社会资本进入，为能源产业提供了发展方向，在"双碳"目标背景下，推动清洁能源的发展必将是政府工作的重点，政策红利效益明显。

（2）市场需求广阔。"双碳"目标的提出，作为能源消耗大省，必将推动河北省能源结构发生根本性的变革，煤炭等高碳排传统化石能源必将由清洁能源替代，清洁能源需求量大，省内风电、光伏、生物质能、地热能等清洁能源必将具有广阔的市场前景。

（3）技术先行优势。河北省清洁能源发展起步较早，在工业园区建设、产业规划、技术研究等方面有一定的优势，通过降低成本，率先吸引大企业进入清洁能源产业发展市场，率先吸引社会资本进入等举措，使其具备了清洁能源产业的先行优势。

4. 威胁

（1）清洁能源发电接入电网会造成电网稳定性降低。清洁能源尤其是风电、光伏发电等易受天气的影响，发电稳定性差，大规模接入电网易造成电力系统稳定性降低，对电网安全运行产生影响。

（2）基础研究的风险。清洁能源产业的兴起与发展源于科学研究领域的重大创新，然而基础科学的研究本身具有极大的不确定性，一个微小的研究发现有可能在整个产业领域掀起革新，让其产业发展的未来也面临不确定性。

（3）技术替代风险。技术不同于基础科学研究，科学解决理论问题，技术解决应用问题。在清洁能源领域，由于没有确定的技术路线可供遵循模仿，因此技术替代成为当前主要的竞争方式，产业发展必须面对技术创新与替代的风险。

（4）技术依赖风险。当前，我国清洁能源产业核心技术水平仍不成熟，研究依赖于技术的发展，造成清洁能源产业的发展本身具有极大的不确定性，随着技术的不断升级进步，河北省清洁能源产业的核心技术也具有被"卡脖子"的巨大风险。

通过上述分析，河北省清洁能源产业 SWOT 分析结果如图 2-18 所示。

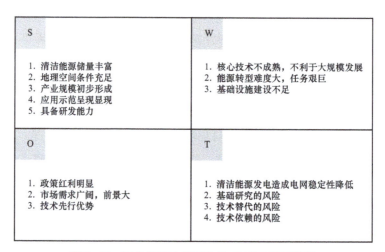

图 2-18　河北省清洁能源产业 SWOT 分析结果

2.3 "双碳"目标下河北省能源需求预测

本文借鉴谢和平等（2019）提出的研究方法，应用弹性系数预测法分阶段对河北省能源消费总量和各类能源消费量的变化趋势进行分析。

在新常态下，我国经济增长速度从高速转为中高速，经济发展方式从规模速度型粗放增长转向质量效率型集约增长；经济结构从增量扩能为主转向调整存量、做优增量并存的深度调整，经济增长的驱动力由要素驱动、投资驱动等传统增长点转向以创新驱动为代表的新增长点。河北省作为中国工业大省，经济具有相似的发展规律，依据河北省经济发展的特点，将 2000—2030 年的经济发展划分为三个阶段进行分析，第一个阶段是 2000—2011 年，属于规模速度型阶段；第二阶段是 2012—2022 年，为高质量发展过渡阶段；第三阶段是 2023—2030 年，为高质量发展阶段。

2.3.1　2000—2011 年能源消费分析

2000—2011 年是河北省经济发展速度快速增长的阶段，也是工业化进程加快的阶段。2000—2011 年河北省地区生产总值（地区 GDP）变化率见表 2-7，在该阶段，河北省地区生产总值（GDP 以 2000 年不变价格计算，下同）年增长率一直保持在 8% 以上，平均增速达到 9.3%，其中 2005 年、2006年和 2011 年增长率最高，达到 10.3%，2008 年因为受到金融危机的影响 GDP增长率最低。

表 2-7　2000—2011 年河北省地区生产总值（地区 GDP）变化率

年份	2000	2001	2002	2003	2004	2005
增速（%）	9.5	8.7	9.5	8.4	10.0	10.3
年份	2006	2007	2008	2009	2010	2011
增速（%）	10.3	9.6	8.0	8.1	9.2	10.3

2000—2011 年河北省能源消费及结构变化见表 2-8，可以看出，在 2008年之前的 8 年时间中，河北省能源消费增长速度较快，从 2000 年的 11 195.71万 t 标准煤上涨到 2011 年的 28 075.03 万 t 标准煤，年均增长率达到 11.23%。

但增长速度在 2008 年前后有所变化,2008 年之前增长速度较快,但 2008 年之后增速放缓,平均达到 4.9%。该阶段能源消费以化石能源为主的特征明显,占比一直在 98% 以上,其中煤炭更是化石能源中的主力,河北省煤炭的消费由 2000 年的 10 181.38 万 t 标准煤提升至 2011 年的 25 012.04 万 t 标准煤。能源消费量的增加对生态环境的影响逐步显现。

表 2-8　　　　　　2000—2011 年河北省能源消费及结构变化

年份	能源总量		煤炭		石油		天然气		一次电力及非化石能源	
	消费量	增速	消费量	占比	消费量	占比	消费量	占比	消费量	占比
2000	11 195.71	19.37	10 181.37	90.94	914.68	8.17	94.04	0.84	5.6	0.05
2001	12 114.29	8.2	11 125.76	91.84	898.88	7.42	84.8	0.7	4.85	0.04
2002	13 404.53	10.65	12 214.2	91.12	1 092.46	8.15	93.83	0.7	4.02	0.03
2003	15 297.89	14.12	14 193.38	92.78	992.83	6.49	100.97	0.66	10.71	0.07
2004	17 347.79	13.4	15 810.77	91.14	1 389.55	8.01	130.11	0.75	17.35	0.1
2005	19 835.99	14.34	18 213.4	91.82	1 477.78	7.45	121	0.61	23.8	0.12
2006	21 794.09	9.87	19 961.2	91.59	1 665.06	7.64	146.02	0.67	21.79	0.1
2007	23 585.13	8.22	21 783.22	92.36	1 620.29	6.87	160.38	0.68	21.23	0.09
2008	24 321.87	3.12	22 451.51	92.31	1 622.26	6.67	228.63	0.94	19.46	0.08
2009	25 418.79	4.51	23 514.92	92.51	1 578.5	6.21	307.57	1.21	17.79	0.07
2010	26 201.41	3.08	23 505.28	89.71	2 030.6	7.75	395.64	1.51	269.87	1.03
2011	28 075.03	7.15	25 012.04	89.09	2 279.69	8.12	466.05	1.66	317.25	1.13

注　消费量单位为万 t 标准煤,增速和占比单位为 %。

2000—2011 年河北省能源消费弹性系数见表 2-9,该阶段能源消费弹性系数有下降的趋势,但整体水平仍然较高,均值为 0.936 6,反映出在这一阶段河北省经济增长对能源的依赖性较强。

表 2-9　　　　　　2000—2011 年河北省能源消费弹性系数

年份	2000	2001	2002	2003	2004	2005	2006	2007	2008	2009	2010	2011
弹性系数	2.04	0.94	1.12	1.68	1.34	1.39	0.96	0.86	0.39	0.56	0.33	0.69

2000—2011 年各分能源弹性系数见表 2-10。

表 2-10　　　　　　　2000—2011 年各分能源弹性系数

年份	煤炭	石油	天然气	一次电力及非化石能源
2000	2.17	0.88	1.47	-4.24
2001	1.07	-0.20	-1.13	-1.54
2002	1.03	2.27	1.12	-1.80
2003	1.93	-1.09	0.91	19.81
2004	1.14	4.00	2.89	6.20
2005	1.48	0.62	-0.68	3.61
2006	0.93	1.23	2.01	-0.82
2007	0.95	-0.28	1.02	-0.27
2008	0.38	0.02	5.32	-1.04
2009	0.58	-0.33	4.26	-1.06
2010	0.00	3.11	3.11	154.02
2011	0.62	1.19	1.73	1.70

可以看出，这一阶段的煤炭消费弹性系数变化趋势与能源消费弹性系数变化趋势基本一致，平均水平较高，整体呈现下降趋势，2010 年河北省煤炭消费总量接近零增长，弹性系数为 0。其他各分能源消费弹性系数波动较大，特别是一次电力和非化石能源消费，2010 年显著变化。各类能源的变化趋势主要来自两个方面的影响，一是煤炭产业结构的调整。国家发展改革委发布了《关于加快推进煤矿企业兼并重组的若干意见》，鼓励煤炭企业通过兼并重组等方式关、停、并、转了一批小煤矿，这一系列政策措施有效地提升了煤炭行业的集中度，优化了煤炭产业结构，也使得煤炭生产、消费的增长速度受到一定的限制。另一个影响因素是清洁能源的发展。2007 年，河北省政府下发河北省发展改革委会同有关部门制定的《河北省节能减排综合性实施方案》，明确了"十一五"期间全省节能减排目标任务，积极推进如水电、风电、太阳能等清洁能源的开发利用，提高了非化石能源在能源结构中的比

重。2010 年，河北省水电装机容量达到了 104.8 万 kW，风电装机容量达到了 217.6 万 kW，太阳能发电装机容量达到了 2.4 万 kW。

2.3.2 2012—2022 年能源消费分析

2012—2022 年是河北省经济发展逐步进入新常态的阶段，经济增长速度从高速转向中高速。2012—2022 年河北省地区生产总值（地区 GDP）变化率见表 2-11，平均增速为 6.4%，该阶段，河北省经济发展已经由侧重规模速度转向更多关注提高经济发展的质量和效益。

表 2-11   2012—2022 年河北省地区生产总值（地区 GDP）变化率

年份	2012	2013	2014	2015	2016	2017
增速（%）	8.7	8.2	6.5	6.8	6.7	6.6
年份	2018	2019	2020	2021	2022	
增速（%）	6.5	6.7	3.8	6.5	3.8	

随着河北经济发展进入新阶段，能源系统也向高质量发展过渡，能源生产结构和能源消费结构不断优化，非化石能源占比增加，能源利用效率提高，能源消费更清洁、更集约。2012—2022 年河北省能源消费及结构变化见表 2-12。2020 年河北省单位 GDP 能耗比 2012 年降低 31.1%，年均下降 4.55%，使河北省该阶段的能源消费总量增速放缓，从 2012 年的 28 762.47 万 t 标准煤增长到 2020 年的 32 782.76 万 t 标准煤，年均增长率从第一阶段的 8.71% 降为 1.46%，2021 年和 2022 年能源消费总量继续下降。在这一阶段，化石能源占比也有了明显的下降，由 98.38% 降低至 88.29%，其中煤炭占比下降到 73.44%。

该阶段随着能源利用效率的提高，能源弹性系数减小，2012—2022 年河北省能源消费弹性系数见表 2-13，该阶段能源弹性系数的均值已经下降到 0.254 4。2014 年，河北能源消费出现负增长。这与河北省加大节能减排力度相关，在这一阶段，河北省开始大力推进大气污染综合治理，淘汰落后产能，实施煤炭减量替代，加快发展清洁能源等措施有效控制了能源消费的增长速度。

　　从 2012—2022 年各分能源弹性系数见表 2-14，化石能源消费弹性系数呈现下降趋势，煤炭和石油的消费弹性系数出现负值，一次电力和非化石能源消费弹性系数上升，这是由于化石能源在能源消费中的占比持续下降，一次电力和非化石能源在经济发展中的作用提高。

表 2-12　　　　　　　2012—2022 年河北省能源消费及结构变化

年份	能源总量		煤炭		石油		天然气		一次电力及非化石能源	
	消费量	增速	消费量	占比	消费量	占比	消费量	占比	消费量	占比
2012	28 762.47	2.45	25 558.33	88.86	2 151.43	7.48	586.75	2.04	465.95	1.62
2013	29 664.38	3.14	26 309.34	88.69	2 141.77	7.22	661.52	2.23	551.76	1.86
2014	29 320.21	-1.16	25 936.66	88.46	2 046.55	6.98	744.73	2.54	592.27	2.02
2015	31 036.73	5.85	27 569.93	88.83	1 859.1	5.99	971.45	3.13	636.25	2.05
2016	31 458.05	1.36	27 472.32	87.33	1 959.84	6.23	1 075.87	3.42	950.03	3.02
2017	32 082.56	1.99	27 607.04	86.05	1 969.87	6.14	1 264.05	3.94	1 241.6	3.87
2018	32 185.24	0.32	26 910.08	83.61	2 082.39	6.47	1 766.97	5.49	1 425.81	4.43
2019	32 545.43	1.12	26 674.23	81.96	1 907.16	5.86	2 151.25	6.61	1 812.78	5.57
2020	32 782.76	0.73	26 393.4	80.51	1 858.78	5.67	2 294.79	7	2 235.78	6.82
2021	32 590.07	-0.59	24 957.48	76.58	2 160.72	6.63	2 473.59	7.59	2 998.29	9.2
2022	32 538.48	-0.16	23 896.26	73.44	2 150.79	6.61	2 681.17	8.24	3 810.26	11.71

　　注　消费量单位为万 t 标准煤，增速和占比单位为 %。

表 2-13　　　　　　2012—2022 年河北省能源消费弹性系数

年份	2012	2013	2014	2015	2016	2017	2018	2019	2020	2021	2022
弹性系数	0.28	0.38	-0.18	0.86	0.20	0.30	0.05	0.17	0.19	-0.09	-0.04

表 2-14　　　　　　2012—2022 年各分能源弹性系数

年份	煤炭	石油	天然气	一次电力及非化石能源
2012	0.25	-0.65	2.98	5.39
2013	0.36	-0.05	1.55	2.25

续表

年份	煤炭	石油	天然气	一次电力及非化石能源
2014	−0.22	−0.68	1.93	1.13
2015	0.93	−1.35	4.48	1.09
2016	−0.05	0.81	1.60	7.36
2017	0.07	0.08	2.65	4.65
2018	−0.39	0.88	6.12	2.28
2019	−0.13	−1.26	3.25	4.05
2020	−0.28	−0.67	1.76	6.14
2021	−0.84	2.50	1.20	5.25
2022	−1.12	−0.12	2.21	7.13

2.3.3 2023—2030 年河北省能源消费趋势预测

根据河北省政府工作报告公布的地区生产总值增速目标，设定到 2030 年，河北省 GDP 的增速为 6%，进入高质量发展阶段。从第一阶段到第二阶段，河北能源消费弹性系数是大幅度下降的，均值降低 70% 以上。基于第二阶段的能源消费弹性系数均值，预测 2023—2030 年河北省能源消费弹性系数在 0.15 ~ 0.25 之间。

采用弹性系数法预测能源消费总量，以 2022 年为基准年，2022 年河北省能源消费总量为 32 538.48 万 t 标准煤。预测期（2023—2030 年）内河北省 GDP 增速为 6%，能源消费弹性系数分别取 0.15 和 0.25，则 2030 年能源消费需求为 34 956 万 t 标准煤和 36 655 万 t 标准煤。

针对具体的能源类型预测，谢和平等提出了分能源增量贡献值（CVSI）的概念，它是指各分能源需求增量对能源消费弹性系数的贡献，等于各分能源需求增量在当年能源消费总量增量的占比与能源消费弹性系数的乘积。

$$C_i = \frac{\Delta E_i}{\Delta E} e \qquad (2-7)$$

式中：C_i 为各分能源增量贡献值；ΔE_i 为各分能源消费增量；ΔE 为能源消费

总量增量；e 为能源消费弹性系数。

使用该方法首先需要分析 2000—2022 年能源增量贡献值现状，然后通过设置情景对 2021—2030 年各分能源增量贡献值及消费量进行预测。

1. 2000—2022 年各分能源增量贡献值（见表 2-15）

表 2-15　　　　　2000—2022 年河北省各分能源增量贡献值

年份	煤炭增量贡献值	石油增量贡献值	天然气增量贡献值	一次电力及非化石能源增量贡献值
2000	1.95	0.08	0.01	−0.01
2001	0.97	−0.02	−0.01	0.00
2002	0.95	0.17	0.01	0.00
2003	1.76	−0.09	0.01	0.01
2004	1.06	0.26	0.02	0.00
2005	1.34	0.05	−0.01	0.00
2006	0.86	0.09	0.01	0.00
2007	0.87	−0.02	0.01	0.00
2008	0.35	0.00	0.04	0.00
2009	0.54	−0.02	0.04	0.00
2010	0.00	0.19	0.04	0.11
2011	0.56	0.09	0.03	0.02
2012	0.22	−0.05	0.05	0.06
2013	0.32	0.00	0.03	0.04
2014	−0.19	−0.05	0.04	0.02
2015	0.82	−0.09	0.11	0.02
2016	−0.05	0.05	0.05	0.15
2017	0.06	0.00	0.09	0.14
2018	−0.33	0.05	0.24	0.09
2019	−0.11	−0.08	0.18	0.18
2020	−0.22	−0.04	0.11	0.33
2021	−0.67	0.14	0.08	0.36
2022	−1.85	−0.02	0.36	1.42

表 2-15 展示了 2000—2022 年河北省各分能源增量贡献值。随着时间的发展，河北省的煤炭和石油的增量贡献值都呈现下降趋势，特别是煤炭的增量贡献值下降速度显著，天然气和非化石能源的增量贡献值则呈上升趋势。

2. 2023—2030 年各分能源贡献值预测

充分考虑河北经济发展特点以及各分能源发展态势、科技进步等因素，预测非化石能源、石油、天然气等各分能源增量贡献值及消费需求。

石油增量贡献值在 0 附近波动，在第一阶段粗放型经济发展中贡献为正，在第二阶段高质量发展中贡献为负。石油及油制品在河北省主要用于交通运输业，而随着新能源汽车的普及将会不断降低交通部门对油制品的依赖。因此，预测石油的贡献值将继续降低，下降至 –0.05 左右。

天然气增量贡献值增幅较大，河北省对天然气利用消费存在一些政策支持，因此预测未来天然气增量贡献值仍有上浮空间，根据移动平均法预测2030 年天然气增量贡献值为 0.15 ～ 0.16。

一次电力和非化石能源增量贡献值稳步上升，根据 2030 年前能源相关技术发生革命性突破可能性较低以及河北省将继续支持非化石能源的发展，预测 2030 年非化石能源增量贡献值仍将继续增长。根据移动平均法预测 2030年非化石能源增量贡献值为 0.20 ～ 0.21。

煤炭增量贡献值受能源总量需求变化和其他能源发展的影响较大，同时，煤炭又是河北省的基础能源，为保障和支撑河北省经济发展对能源总量的需求，充分考虑石油天然气发展态势以及非化石能源发展潜力，预测煤炭的增量贡献值。考虑总能源消费弹性系数在 0.15 ～ 0.25 之间变化，结合石油、天然气、非化石能源等增量贡献值对煤炭贡献值的最大和最小影响，设置两种情景预测煤炭增量贡献值，两种情景下 2030 年河北省各分能源增量贡献值预测见表 2-16。

表 2-16　两种情景下 2030 年河北省各分能源增量贡献值预测

情景	总弹性系数	石油	天然气	非化石能源	煤炭
情景 1	0.15	−0.05	0.16	0.21	−0.17
情景 2	0.25	−0.05	0.15	0.20	−0.05

3. 2023—2030 年河北省分能源需求预测

在情景 1 和情景 2 的分能源增量贡献值条件下，得到 2023—2030 年河北省分能源消费变化如图 2-19、图 2-20 所示。

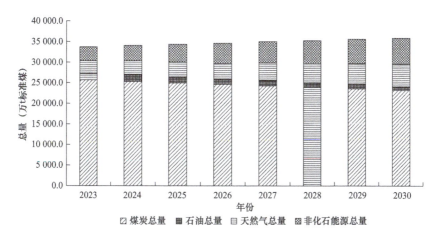

图 2-19　情景 1　2023—2030 年河北省分能源消费变化

在情景 1 的条件下，预计到 2030 年，河北省煤炭消费需求将占能源消费总量的 60.5%，仍处于主导地位；天然气消费占比 15.05%；石油及油制品消费占比 3.85%；一次电力及非化石能源消费需求占比可达到 20.5%。

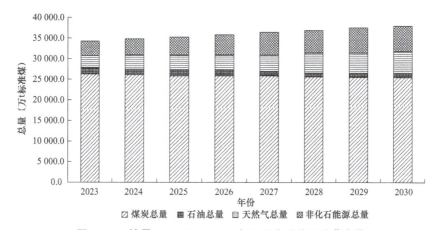

图 2-20　情景 2　2023—2030 年河北省分能源消费变化

在情景 2 的条件下，预计到 2030 年，河北省煤炭消费需求占能源消费总量的 66.97%；天然气消费需求占比 11.82%；石油及油制品消费需求占比 4.77%；非化石能源消费需求占比 16.43%。

综上分析，随着河北经济迈向高质量发展，未来几年河北省 GDP 增速仍保持在 6% 左右，能源需求还将有所增长，预计由 2022 年的 3.25 亿 t 标准煤增长到 2030 年的 3.5 亿～ 3.7 亿 t 标准煤。在能源结构优化、产业结构调整、科技进步、非化石能源发展等因素影响下，煤炭消费比例持续下降，清洁能源占比将显著增加，因此，河北省清洁能源产业发展具有巨大的市场潜力。

2.4 清洁能源成本效益趋势分析

2.4.1 清洁能源成本趋势分析

1. 清洁能源成本构成

从项目全寿命周期的角度看，清洁能源开发成本主要包括初始投资成本、运行维护成本、报废成本、财务成本等。以风电为例，风电项目的初始投资成本由风电机组购置费用、风电场基础建设费用、风电机组吊装调试费用、风电入网建设费用、预备费、建设期贷款利息费等部分构成。其中机组购置费用占比最大，据统计，2020 年我国陆上风电初始投资成本中，机组购置费用占到 63%，建安工程成本的占比为 14%，接网成本占比为 12%。海上风电建设中的机组购置费用占比虽然低于陆上风电场，占到 35% 左右，但仍是建设成本中最重要的构成部分。风电场建成投产后，为保障风电机组的正常安全稳定运行，需要定期进行维护保养、巡检，对发现问题的零部件进行更换，对出现的技术故障进行维修或进行技术改造，由此产生的费用就形成了风电项目的运维成本。风电项目寿命期结束时，还需要对设备进行清理、拆除和销毁，为此需要产生报废成本，此成本包括在报废过程中产生的人力和物力费用。

2. 清洁能源成本变化趋势

随着技术的进步，清洁能源发电机组成本逐渐下降，但随着陆上风电、光伏开发规模的扩大，人们开始到更边远的地区建立清洁能源项目，由于开发环境复杂，地质条件恶劣，造成项目的开发成本上升。因此，清洁能源开发成本是受到许多因素影响的，变化趋势也存在较大的差异。2022 年 3 月，国际可再生能源署发布了关于可再生能源成本变化的报告，显示了风电、水电、光伏发电等清洁能源成本的变化趋势。

2010—2021 年，全球陆上风电加权平均总装机成本下降了 35%，从 2042 美元 /kW 降至 1 325 美元 /kW。尽管 2021 年和 2020 年相比，一些市场的成本有所增加，但 2021 年的全球陆上风电加权平均总装机成本却在 2020 年 1 397 美元 /kW 的基础上下降了 5%。海上风电的成本高于陆上风电，这是因为海上开发条件复杂，开发难度高造成的，随着海上风电项目越来越深入更远的水域，开发成本出现一段时间的上升趋势，但整体趋势仍是下降的，到 2015 年后，全球加权平均总装机成本已经由 2015 年的 5 250 美元 /kW 下降到 2021 年的 2 858 美元 /kW。

太阳能光伏发电也是全球清洁能源产业发展的重点，到 2021 年底，全球太阳能光伏装机已经超过 843GW，比 2010 年增长了 21 倍，特别是中国，太阳能光伏装机容量已经占到全球的 40%。在太阳能光伏发电的总装机成本中，组件成本占到一半的份额，而组件价格下降明显，2009—2021 年，欧洲市场中太阳能光伏组件加权平均成本下降了约为 92%；2021 年加权平均的总装机成本为 857 美元 /kW，比 2010 年降低了 81%。

水电项目的开发成本存在较大的差异，在开发条件较好的地区，水电项目的装机成本可能低至 450 美元 /kW，但在开发难度较大的地区，水电项目的装机成本可能高至 4 500 美元 /kW，2010—2021 年，全球新建水电加权平均总装机成本从 1 315 美元 /kW 上升到了 2 135 美元 /kW。

生物质能发电项目的总装机成本同样存在较大差异，它与生物质发电的原料成本密切相关，如中国的谷壳发电项目总装机成本可能是 656 美元 /kW，而欧洲一个木材废料项目可能高达 7 694 美元 /kW，但总体而言，欧洲与北美的总安装成本高于亚洲和南美国家。

除了总装机成本，度电成本也是反映清洁能源成本变化的重要指标。平准化度电成本（LCOE）是将项目生命周期内的成本和发电量按照一定折现率进行折现后，计算得到的发电成本，即单位发电成本，该成本可以作为电价的参考。LCOE 的计算式为

$$LCOE = \frac{\sum_{t=0}^{n} C_t (1+i)^{-t}}{\sum_{t=0}^{n} E_t (1+i)^{-t}} \qquad (2\text{-}8)$$

$$C_t=B_t+O_t+M_t+F_t+T_t \qquad (2-9)$$

式中：B_t 为清洁能源发电项目的建设成本，O_t 为第 t 年的运行成本；M_t 为第 t 年的维修成本；F_t 为第 t 年的财务费用；T_t 为第 t 年缴纳的税金，E_t 为第 t 年上网的电量；i 为折现率。

以风电项目为例，风电建设成本包括风力发电及辅助设备购置、配套安装至可使用状态的工程费用、建筑工程费用和其他费用等。项目的运营与维护成本包括人工工资及福利费、材料费、修理费、保险费等费用。项目的财务费用是生产经营过程中为筹集资金而发生的费用，包括贷款利息、贷款相关手续费等。风电项目总的财务费用可以在项目初期就进行估算，根据还贷方式的不同，计算方式各有不同。风电项目的税费包括增值税、城市维护建设税、教育费及附加和所得税等。为鼓励利用风力发电，促进相关产业健康发展，国家在税费上给予了支持，风电项目的增值税实行即征即退 50% 的政策。所得税实行了"三免三减半"征收政策。

在风电建设成本中，风电机组占了最大的比重，随着风电技术的进步，单机容量逐渐增大，2020 年我国新增的风电机组平均单机容量为 2.66MW，到了 2022 年，5MW 的机组类型占据主流，更高容量的机组也逐渐出现在风电项目中，如内蒙古能源杭锦风光火储热生态治理项目中，采用的就是 9MW 和 6.7MW 的风电机组。风机的大型化带来了风力发电单位成本的大幅度下降，2023 年 2 月，国华投资陕西志丹县顺宁镇一期 100MW 风电项目中发电机组招标报价已达到 1 790 元 /kW。国华投资河北赤城风氢储多能互补 165MW 项目，中标单价为 1 878 元 /kW。机组成本的下降，使得风力发电的度电成本也呈现出明显下降趋势。海上风电成本虽然高于陆上风电，但近年来成本也有明显下降。2022 年，福建省发展改革委公布了首批海上风电竞争性配置项目结果，华能联合体中标的连江外海项目报价为 0.2 元 /kWh，创下海上风电竞争性配置项目的新低。

综上所述，从清洁能源发展的历程上看，在清洁能源发展初期，成本明显高于化石能源，但随着技术的进步，清洁能源开发成本总体还是在持续下降的，这也促进了清洁能源产业竞争力的提升和市场化进程的加快。

2.4.2 清洁能源效益分析

1. 清洁能源效益构成

清洁能源产业发展带来的效益可以分为经济效益和社会效益，针对清洁能源发电项目，其直接经济效益主要来自售电收益，它是由上网电量和上网电价决定的。净发电量 E 的计算式为

$$E=GH(1-t) \tag{2-10}$$

式中：G 为项目装机容量；H 为年利小时数；t 为场用电率。

清洁能源发电项目年售电收益可以表示为

$$B=EP \tag{2-11}$$

式中：P 为上网电价。

除了直接经济效益，清洁能源产业的发展还带来了巨大的社会效益。清洁能源产业规模的扩大对能源结构优化具有重要意义，它促进了能源的绿色低碳转型，是实现能源环境可持续发展的必经之路。清洁能源产业发展带来的环境效益表现在对化石能源的替代上，相较于火力发电机组，风电、光伏发电等是依赖于可再生的能源进行发电，在其运营期内对环境是友好的，因此可以将能源替代带来的减排看作是环境收益。

许多学者对清洁能源环境收益的确定进行了研究，比如可以先计算出清洁能源替代带来的燃煤电厂污染物排放的减少量，然后通过确定每单位污染物的环境价值来计算出发展清洁能源产生的环境效益。这里主要考虑二氧化碳、二氧化硫、氮氧化物和烟尘排放的减少，具体计算方式如下：

二氧化碳减排量为

$$D_1=E \times a \times Q \times C \times \alpha_1 \times K_1 \tag{2-12}$$

式中：E 为清洁能源项目年发电量；a 为燃煤发电企业的标煤单耗；C 为单位热值下潜在的碳排放量，kg/MJ；Q 为煤炭的单位热值，MJ/kg；K_1 为二氧化碳的转换效率；α_1 为二氧化碳与碳的摩尔质量比。

二氧化硫减排量为

$$D_2=E \times a \times S \times \alpha_2 \times K_2(1-\eta_1) \tag{2-13}$$

式中：S 表示煤炭的含硫质量分数；α_2 为二氧化硫与硫的摩尔质量比；K_2 为二氧化硫的转换效率；η_1 为脱硫效率。

氮氧化物减排量为

$$D_3=E\times a\times N\times\alpha_3\times（K_3/M）\times（1-\eta_3） \qquad （2-14）$$

式中：N 为煤炭的平均含氮量；α_3 为氮氧化物与氮相对分子质量的比值；K_3 为氮氧化物的转换效率；M 为燃烧中氮生成的氮氧化物占全部氮氧化物排放量的比率；η_3 为脱氮设备的工作效率。

烟尘减排量为

$$D_4=E\times a\times\omega（1-\eta_2） \qquad （2-15）$$

式中：ω 为基准烟尘比率；η_2 为除尘率。

参考已有研究，可以按火力发电污染物环境价值（见表 2-17）估计出燃煤发电的污染物环境价值。

表 2-17　　　　　　　　　火力发电污染物环境价值

污染物	二氧化碳	二氧化硫	氮氧化物	总悬浮颗粒物
环境价值（元/t）	44	6 400	8 000	2 200

根据表格可计算出以上几种污染物的环境价值为

$$Y=0.044D_1+6.4D_2+8D_3+2.2D_4 \qquad （2-16）$$

随着市场化机制的引入，清洁能源产生的环境价值正在通过绿电交易、绿证交易实现内在化。

2. 清洁能源价格政策的变化趋势

价格是影响清洁能源效益的最主要因素，根据清洁能源在不同时期所处环境的变化，价格政策也进行了相应的调整，以下以风电为例分析清洁能源价格政策的变化趋势。

在 1998 年以前，我国风电产业还处于发展初期，上网电价基本是参照当地燃煤电厂上网电价确定，1998—2003 年，风电项目上网电价采用的是政府定价的方法，按发电成本加本付息、合理利润的原则确定风电并网电价，高于电网平均电价的部分，由电网分摊。1999 年国家计委和科技部专门对可再生能源并网发电项目的电价进行了规定，在项目的可行性研究阶段审批电价。
2003 年国务院印发了电价改革的通知，上网电价开始引入竞争机制，但风电、
地热等清洁能源发电不参与市场竞争，按政府定价或招标价格上网。在 2006
年国家发展改革委印发的《可再生能源发电有关管理规定》中，提出"可再生
能源发电项目的上网电价，由国务院价格主管部门根据不同类型可再生能源发
电的特点和不同地区的情况，按照有利于促进可再生能源开发利用和经济合理
的原则确定，并根据可再生能源开发利用技术的发展适时调整和公布。"实行
招标的项目按招标价格执行，高出的部分由电力用户分摊。同时也出台了具体
的分摊办法。2009 年，风电开始实行标杆上网电价政策，国家发展改革委印
发了《关于完善风力发电上网电价政策的通知》，按资源区给出了陆上风电的
标杆上网电价，全国分成了四个区域，Ⅰ类资源区标杆电价为 0.51 元，适用
于内蒙古自治区除赤峰市、通辽市、兴安盟、呼伦贝尔市以外其他地区，新疆
维吾尔自治区乌鲁木齐市、伊犁哈萨克自治州、昌吉回族自治州、克拉玛依
市、石河子市；Ⅱ类资源区标杆电价为 0.54 元，适用于河北省张家口市、承
德市；内蒙古自治区赤峰市、通辽市、兴安盟、呼伦贝尔市；甘肃省张掖市、
嘉峪关市、酒泉市等地区；Ⅲ类资源区标杆电价为 0.58 元，适用于吉林省白
城市、松原市；黑龙江省鸡西市、双鸭山市、七台河市、绥化市、伊春市，大
兴安岭地区；甘肃省除张掖市、嘉峪关市、酒泉市以外其他地区，新疆维吾尔
自治区除乌鲁木齐市、伊犁哈萨克自治州、昌吉回族自治州、克拉玛依市、石
河子市以外其他地区；宁夏回族自治区；Ⅳ类资源区标杆电价为 0.61 元，适
用于除Ⅰ类、Ⅱ类、Ⅲ类资源区以外的其他地区。而随着风电成本的下降，标
杆电价也经过了多次的调整。我国陆上风电项目标杆电价变化见表 2-18。

表 2-18　　　　　　　　　我国陆上风电项目标杆电价变化　　　　　　　　单位：元

资源区	2009 年	2014 年	2016 年	2018 年	2019 年	2020 年
Ⅰ类	0.51	0.49	0.47	0.40	0.34	0.29
Ⅱ类	0.54	0.52	0.50	0.45	0.39	0.34
Ⅲ类	0.58	0.56	0.54	0.49	0.43	0.38
Ⅳ类	0.61	0.61	0.60	0.57	0.52	0.47

2019 年，国家发展改革委和国家能源局发布了《关于积极推进风电、光伏发电无补贴平价上网有关工作的通知》，2021 年，国家发展改革委又发布了《关于 2021 年新能源上网电价政策有关事项的通知》，明确了从 2021 年起，对新备案集中式光伏电站、工商业分布式光伏项目和新核准陆上风电项目，中央财政不再补贴，实行平价上网。新能源上网电价政策的变化，对清洁能源产业的发展将带来较大的影响，特别是对生物质能等成本仍偏高的清洁能源项目。因此，在国家补贴取消的情况下，各地应深入分析本地清洁能源产业的发展环境和发展状态，出台针对性的激励政策，支持光伏发电、陆上风电、海上风电、光热发电等新能源产业持续健康发展。

2.4.3 "双碳"目标实施对清洁能源成本效益的影响

"双碳"目标的提出有助于提高清洁能源产业综合效益提升。首先，为实现"双碳"目标，各国政府采取了多项环境治理政策和措施，其中最重要的措施就是构建碳交易市场、绿电市场、绿色证书交易市场等。我国也逐步建立了这些交易市场，将其作为重要的环境管理手段。清洁能源发电项目可以通过出售绿电或通过绿证交易，使得外部效益内在化。通过市场交易，可以替代政府直接补贴对清洁能源发电项目的支持。其次，为实现"双碳"目标，必须加大能源替代力度，由对环境友好的清洁能源替代化石能源，这将扩大清洁能源的需求量，从而使清洁能源发电的上网电量有了保障。另外，在"双碳"目标背景下，国家加大了清洁能源开发利用的技术投入，新技术的产生和推广，对清洁能源成本下降起到了推动作用。

第 3 章

河北省清洁能源产业发展路径分析

3.1 基于系统动力学的河北省清洁能源发展路径模拟

3.1.1 能源系统边界确定

清洁能源产业处于社会发展大系统中，而社会发展大系统是由众多子系统构成，在模型构建时应识别重要的组成部分及影响因素，确定系统分析的边界。本文在传统的 3E（energy-economy-environment）体系基础上，考虑到模型数据的可获取性与可操作性，确立了社会发展大系统中影响清洁能源发展路径的六个子系统：能源、经济、环境、人口、技术和政策。

在大系统中能源子系统作为系统的核心环节，与其他各个子系统的联系紧密，相互影响，紧紧依赖于经济、环境、人口、技术、政策子系统的发展，而能源子系统的发展又反作用于其他子系统，尤其对于环境子系统有着重要的影响，能源使用是环境污染的重要来源。经济子系统作为系统的基础，良好的经济发展对于整个大系统起到促进作用，而人口的增加，环境的恶化等又制约着经济的发展。环境子系统的发展离不开政策的支持、经济的投入以及技术的发展，而环境子系统的发展又对能源子系统、经济子系统等起着反馈作用。人口子系统也影响着能源子系统，人口的发展促进能源的消耗，进而造成环境的恶化，这些子系统的发展又制约着人口子系统的发展。技术子系统对整个子系统都起着重要作用，技术的进步离不开经济的发展，而技术的进步又可以反作用于整个系统，改善能源结构，促进清洁能源的发展，环境的改善。政策子系统在整个系统中起着方向性的作用，指引系统的发展。子系统关系如图 3-1 所示。

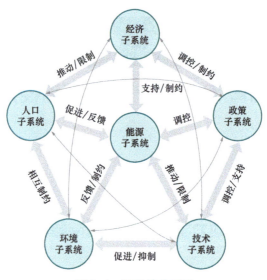

图 3-1　子系统关系图

根据图 3-1 可知，各个子系统间是相互联系，相互作用的。为了进一步分析，本小节将确定子系统的影响因素及重要变量。对于环境子系统，研究低碳转型路径，所以主要考虑碳排放的影响，忽略硫化物、氮化物等其他污染物对于环境的影响。对于能源的消耗部门以生活性能源与生产性能源消耗分类，生产性能源消费又细分为三次产业部门。对于能源的供给不考虑省间的流动问题，主要以能源供应的种类为分类依据，划分为非清洁能源与清洁能源。最终确定各个子系统的重要影响因素如图 3-2 所示。

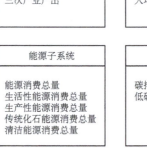

技术子系统	经济子系统	人口子系统
三次能源强度 技术进步指数 清洁能源科技投入 科技投入	GDP 清洁能源产业投资 社会固定资产投资 三次产业产出	出生率 人口总数 死亡率 人均生活性能源消耗
政策子系统	**能源子系统**	**环境子系统**
清洁能源补贴 能源补贴指数 碳减排政策 污染治理投入	能源消费总量 生活性能源消费总量 生产性能源消费总量 传统化石能源消费总量 清洁能源消费总量	碳排放量 低碳意识

图 3-2　各个子系统的重要影响因素

3.1.2　基于 ISM 模型的清洁能源产业影响因素分析

由于影响清洁能源产业发展的因素众多，且各因素间相互作用。通过参考已有研究及咨询专家意见，对各个子系统中的重要因素进行总结整理，最终得到河北省清洁能源产业发展影响因素见表 3-1。其中在技术子系统中，重要影响因素包括科技投入和清洁能源科技投入两个，科技投入考虑的是在能源消费侧，科技投入对于产业能源强度的影响。清洁能源科技投入考虑的是在能源供给侧，科技投入对于清洁能源产业发展的影响。由于传统的系统动力学因果关系图构建较为主观，为了更加科学地分析研究，本文引入解释结构模型对各子系统影响因素之间的因果关系进行梳理，为系统动力学建模提供参考。通过解释结构模型，分析因素间的直接影响关系，运用矩阵运算，最终可以明确各个影响因素间的层次关系，定性地分析各个因素的重要程度，最终得到以下二元关系，见表 3-1。

表 3-1　　　　　　　　　河北省清洁能源产业发展影响因素

分类	影响因素	符号	直接影响因素
技术	三次产业能源强度	S_1	S_{19}
	技术进步指数	S_2	S_1
	清洁能源科技投入	S_3	S_{21}
	科技投入	S_4	S_1、S_2
经济	地区 GDP	S_5	S_3、S_4、S_7、S_{23}
	清洁能源产业投资	S_6	S_{21}
	社会固定资产投资	S_7	S_1、S_8
	三次产业产出	S_8	S_{19}
人口	人口总量	S_9	S_{18}
	出生率及死亡率	S_{10}	S_9
	人均生活性能源消耗	S_{11}	S_{18}
政策	产业政策	S_{12}	S_3、S_{13}、S_{14}、S_{15}
	清洁能源补贴	S_{13}	S_6

分类	影响因素	符号	直接影响因素
政策	能源补贴指数	S_{14}	S_6
	碳减排政策	S_{15}	S_{22}
	污染治理投入	S_{16}	S_{20}
能源	能源消费总量	S_{17}	
	生活性能源消费总量	S_{18}	S_{17}
	生产性能源消费总量	S_{19}	S_{17}
	传统化石能源消费总量	S_{20}	S_{17}
	清洁能源消费总量	S_{21}	S_{17}
环境	碳排放量	S_{22}	S_6、S_{15}
	低碳意识	S_{23}	S_{11}

1. 建立邻接矩阵

建立河北省能源系统的影响因素 ISM 模型,首先通过表 3-1 中变量找到各变量两两之间的直接影响关系,在 ISM 模型构建中称为两要素之间的可达程度,通过表中能源系统影响因素的关系建立邻接矩阵 A,A 中的元素 a_{ij} 取值为:

$$a_{ij} = \begin{cases} 1, & S_i \text{对} S_j \text{有直接影响关系} \\ 0, & S_i \text{对} S_j \text{没有直接影响关系} \end{cases} (i, j = 1, 2, 3, 4, \cdots, n) \quad (3-1)$$

2. 计算可达矩阵

可达矩阵 M 是指使用矩阵形式来描述有向连接图各节点之间经过一定长度的通路后可达到的程度。可通过邻接矩阵计算得出,将邻接矩阵 A 与单位矩阵 I 求和得到矩阵 $A+I$,在这里单位矩阵 I 表示各个要素可以到达自身。将矩阵 $A+I$ 进行数次幂运算,直至 $(A+I)^{k-1} \neq (A+I)^k = (A+I)^{k+1}$,此时得到可达矩阵 $M = (A+I)^k$,其中 k 为最大传递次数。

对表 3-1 中各要素的数据进行分析,通过二元关系求得可达矩阵 M,最终对影响因素的层级划分,可得到清洁能源产业发展影响因素关系结构图如图 3-3 所示。影响因素结构最终分为 6 个层级，自上而下分别为：第一级 $L_1=\{S_{17}\}$；第二级 $L_2=\{S_{18}, S_{19}, S_{20}, S_{21}\}$；第三级 $L_3=\{S_1, S_6, S_8, S_9, S_{11}, S_{16}\}$；第四级 $L_4=\{S_2, S_7, S_{10}, S_{13}, S_{14}, S_{22}\}$；第五级 $L_5=\{S_3, S_4, S_{15}, S_{23}\}$；第六级 $L_6=\{S_5, S_{12}\}$。对应上述 ISM 解释结构模型分析结果，可将影响因素自上而下划分为 6 个层级，第一层级为能源消费总量，该因素属于能源系统的首要因素，其他各因素对其都会产生直接或间接的影响，将影响首要因素的其余因素划分为三类，分别为直接影响因素、间接影响因素和根本影响因素。直接影响因素包括传统化石能源消费总量、清洁能源消费总量、生产性能源消费总量以及生活性能源消费总量，这些因素的变动将直接影响首要因素的变动。间接影响因素包含第三至第五层级，具体影响因素有污染治理投入、清洁能源产业投资、三次产业产出值、三次产业能源强度、人口总量、人均生活性能源消费、碳排放量、能源补贴指数、清洁能源补贴、社会固定资产投资、技术进步指数、出生率及死亡率、碳减排政策、清洁能源科技投入、科技投入、低碳意识共 16 个因素。根本影响因素是第六层级，具体包括产业政策及 GDP 共 2 个因素。

$$
M = \begin{pmatrix}
1 & 0 & 0 & 0 & 0 & 0 & 0 & 0 & 0 & 0 & 0 & 0 & 0 & 0 & 0 & 0 & 1 & 0 & 1 & 0 & 0 & 0 & 0 \\
1 & 1 & 0 & 0 & 0 & 0 & 0 & 0 & 0 & 0 & 0 & 0 & 0 & 0 & 0 & 0 & 1 & 0 & 1 & 0 & 0 & 0 & 0 \\
0 & 0 & 1 & 0 & 0 & 0 & 0 & 0 & 0 & 0 & 0 & 0 & 0 & 0 & 0 & 0 & 1 & 0 & 0 & 0 & 1 & 0 & 0 \\
1 & 1 & 0 & 1 & 0 & 0 & 0 & 0 & 0 & 0 & 0 & 0 & 0 & 0 & 0 & 0 & 1 & 0 & 1 & 0 & 0 & 0 & 0 \\
1 & 0 & 1 & 1 & 1 & 0 & 0 & 0 & 0 & 0 & 1 & 0 & 0 & 0 & 0 & 1 & 1 & 1 & 0 & 1 & 0 & 1 & 0 \\
0 & 0 & 0 & 0 & 0 & 1 & 0 & 0 & 0 & 0 & 0 & 0 & 0 & 0 & 0 & 0 & 1 & 0 & 0 & 0 & 0 & 0 & 0 \\
1 & 0 & 0 & 0 & 0 & 0 & 1 & 1 & 0 & 0 & 0 & 0 & 0 & 0 & 0 & 0 & 1 & 0 & 1 & 0 & 0 & 0 & 0 \\
0 & 0 & 0 & 0 & 0 & 0 & 0 & 1 & 0 & 0 & 0 & 0 & 0 & 0 & 0 & 0 & 1 & 0 & 1 & 0 & 0 & 0 & 0 \\
0 & 0 & 0 & 0 & 0 & 0 & 0 & 0 & 1 & 0 & 0 & 0 & 0 & 0 & 0 & 0 & 1 & 1 & 0 & 0 & 0 & 0 & 0 \\
0 & 0 & 0 & 0 & 0 & 0 & 0 & 0 & 0 & 1 & 0 & 0 & 0 & 0 & 0 & 0 & 1 & 1 & 0 & 0 & 0 & 0 & 0 \\
0 & 0 & 0 & 0 & 0 & 0 & 0 & 1 & 1 & 0 & 0 & 0 & 0 & 0 & 0 & 0 & 1 & 1 & 0 & 0 & 0 & 0 & 0 \\
0 & 0 & 1 & 0 & 0 & 1 & 0 & 0 & 0 & 0 & 1 & 1 & 1 & 1 & 1 & 1 & 1 & 0 & 0 & 1 & 1 & 1 & 0 \\
0 & 0 & 0 & 0 & 0 & 0 & 0 & 0 & 0 & 0 & 0 & 0 & 1 & 0 & 0 & 1 & 1 & 0 & 0 & 1 & 0 & 0 & 0 \\
0 & 0 & 0 & 0 & 0 & 0 & 0 & 0 & 0 & 0 & 0 & 0 & 0 & 1 & 0 & 0 & 1 & 1 & 0 & 1 & 0 & 0 & 0 \\
0 & 0 & 0 & 0 & 0 & 0 & 0 & 0 & 0 & 0 & 0 & 0 & 0 & 0 & 1 & 1 & 1 & 0 & 1 & 0 & 1 & 0 & 0 \\
0 & 0 & 0 & 0 & 0 & 0 & 0 & 0 & 0 & 0 & 0 & 0 & 0 & 0 & 0 & 1 & 1 & 0 & 1 & 0 & 0 & 0 & 0 \\
0 & 0 & 0 & 0 & 0 & 0 & 0 & 0 & 0 & 0 & 0 & 0 & 0 & 0 & 0 & 0 & 1 & 0 & 0 & 0 & 0 & 0 & 0 \\
0 & 0 & 0 & 0 & 0 & 0 & 0 & 0 & 0 & 0 & 0 & 0 & 0 & 0 & 0 & 0 & 1 & 1 & 0 & 0 & 0 & 0 & 0 \\
0 & 0 & 0 & 0 & 0 & 0 & 0 & 0 & 0 & 0 & 0 & 0 & 0 & 0 & 0 & 0 & 1 & 0 & 1 & 0 & 0 & 0 & 0 \\
0 & 0 & 0 & 0 & 0 & 0 & 0 & 0 & 0 & 0 & 0 & 0 & 0 & 0 & 0 & 0 & 1 & 0 & 0 & 1 & 0 & 0 & 0 \\
0 & 0 & 0 & 0 & 0 & 0 & 0 & 0 & 0 & 0 & 0 & 0 & 0 & 0 & 0 & 0 & 1 & 0 & 0 & 0 & 1 & 0 & 0 \\
0 & 0 & 0 & 0 & 0 & 0 & 0 & 0 & 0 & 0 & 0 & 0 & 0 & 0 & 0 & 1 & 1 & 0 & 1 & 1 & 1 & 1 & 0 \\
0 & 0 & 0 & 0 & 0 & 0 & 0 & 0 & 0 & 0 & 0 & 0 & 0 & 0 & 0 & 0 & 1 & 1 & 0 & 0 & 0 & 0 & 1
\end{pmatrix}
$$

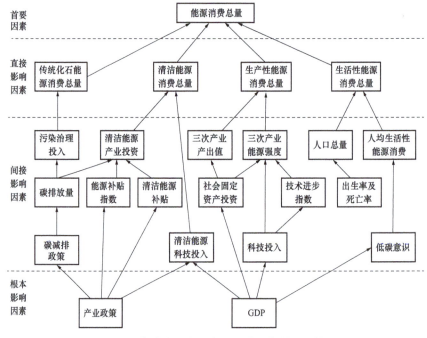

图 3-3　清洁能源产业发展影响因素关系结构图

　　直接影响因素有四项,可以分成两类,传统化石能源消费总量和清洁能源消费总量归类于供给侧,生产性能源消费总量和生活性能源消费总量归类消费侧。间接因素通过直接因素对首要因素产生影响,同时本身又受到 GDP 和产业政策的影响。例如,科技投入因素,其本身受到 GDP 的限制,但科技投入的增加,又可以促进技术进步从而提高能源利用效率,降低能源消费强度来使得生产性能源消费总量降低,最终降低能源消费总量。因此,在"双碳"目标背景下,河北省为了满足低碳减排的要求,应结合自身的经济状况,制定相适应的产业政策,推动能源系统向着清洁低碳的方向发展。通过影响因素的层级结构图可初步确定各影响因素的相互作用关系,找出各个因素间的内在逻辑,可为下文系统动力学因果关系图的构建奠定基础。

3.1.3　因果关系分析

　　系统动力学中变量间的因果关系是由系统要素中的逻辑关系决定的,通过上节 ISM 解释结构模型对各子系统层级关系进行初步划分,得到各个影响因素的初步相关关系,现实系统中,影响因素间的作用往往是双向的、具有反馈特点，因此，本节以 ISM 模型的层级结构图为基础，找出各因素间的因果反馈关系，构建了系统动力学模型的因果反馈关系图，利用箭头方向表示两要素间的因果关系，（+）表示正反馈关系，（-）表示负反馈关系，因果关系如图 3-4 所示。

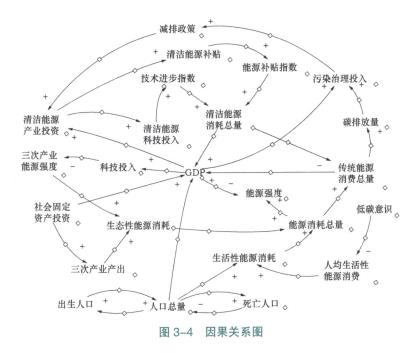

图 3-4　因果关系图

根据因果关系图可得到因果反馈回路，其中和清洁能源消费总量有关的就有 12 条，以其中一条为例：

清洁能源消耗总量→ +GDP → + 科技投入→ - 三次产业能源强度→ + 生产性能源消耗→ + 能源消耗总量→ + 传统化石能源消费总量→ + 碳排放量→ + 污染治理投入→ + 减排政策→ + 清洁能源产业投资→ + 清洁能源补贴→ + 能源补贴指数→ + 清洁能源消耗总量。

这是一条负反馈回路，涉及 12 个影响因素，通过该反馈回路可知，清洁能源消耗总量的增加通过顺次影响各个因素，最终作用到清洁能源消耗总量本身，说明清洁能源消耗总量的增加最终会抑制清洁能源消费，使得该回路趋于稳定。

关于碳排放量有 4 条反馈回路，以其中一条为例：

碳排放量→ + 污染治理投入→ + 减排政策→ + 清洁能源产业投资→ + 清

洁能源科技投入→＋技术进步指数→＋清洁能源消耗总量→＋GDP→＋科技投入→－三次产业能源强度→＋生产性能源消耗→＋能源消耗总量→＋传统化石能源消费总量→＋碳排放量。

这是一个负反馈回路，碳排放量的增加通过各个影响因素，最终对碳排放又产生抑制作用。

3.1.4　系统流图的构建

系统动力学模型的构建，不仅需要对因果关系进行分析，为了更好地进行仿真预测，还需在此基础上进行系统流图的构建。上节构建了河北省能源系统因果关系图，能够反映各个因素之间的因果反馈关系，对各影响因素进行定性研究，为了进一步描述各变量间联系，进行定量研究，本节将建立系统流图，通过数据赋值或赋予关系方程，使得变量间关系具体化，将其中的关键变量转化为水平变量，同时引入速率变量，将其他变量都视为辅助变量。

1. 人口子系统

河北省作为人口大省，为满足正常生产生活，生活能源消费较大，人口子系统流量存量图建模过程中，包含变量有出生率及死亡率、人口总量、出生人口以及死亡人口等，为简化模型，考虑其与生活性能源消费的关系，将出生率及死亡率转化为速率变量，总人口数转化为状态变量，其余变量作为辅助变量，人口子系统流量存量图如图3-5所示。

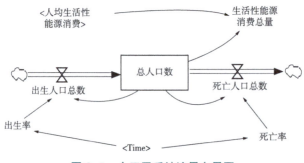

图3-5　人口子系统流量存量图

2. 经济子系统

在影响因素ISM解释结构分析中，GDP属于根本影响因素，所以经济子系统流量存量图的构建是能源系统动力学建模的重点。经济子系统流量存量图如

图 3-6 所示，是社会产业结构的简化模型，通过该子系统可以直观表现出河北省产业结构及其 GDP 的变动情况。在流量存量图建模过程中，主要变量包括 GDP、三次产业产出值、社会固定资产投资、科技投入、污染治理投入等。如图 3-6 所示，在经济子系统中将 GDP 与社会固定资产投资转换为状态变量，引入社会固定资产投资增长率与 GDP 增长率作为速率变量，三次产业投资比例、三次产业增加值、三次产业投资额、科技投入、污染治理投入中作为辅助变量。

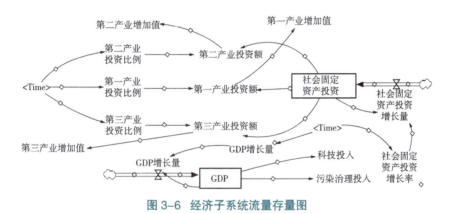

图 3-6　经济子系统流量存量图

3. 技术子系统

科学技术进步对于能源系统的影响是多方面的，如科研技术的进步可以有效降低三次产业的能源强度，最终使得能源消费总量降低。在因果关系图中，技术子系统中还有关于清洁能源科技投入变量，这部分可以体现在清洁能源产业的发展速度方面，因此，本文中科技进步对于清洁能源产业的影响将以改变清洁能源增长速率的形式体现。通过上述分析，技术子系统主要变量包括技术进步指数、清洁能源的科技投入、三次产业能源强度，GDP 对科技的投入等，技术子系统流量存量图如图 3-7 所示。

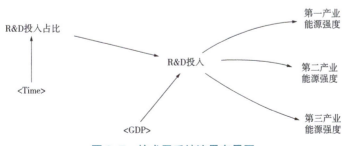

图 3-7　技术子系统流量存量图

4. 能源子系统

为了更好的对清洁能源发展潜力进行分析，本文将能源子系统分为两个部分，第一部分为能源消费及传统化石能源供给部分，第二部分为清洁能源供给部分。

在能源消费及传统化石能源供给部分，根据因果关系图，主要考虑生产性能源消费、生活性能源消费以及煤炭、石油、天然气这三种传统化石能源的供给，在模型构建过程中涉及的变量主要有能源消耗总量、生产性能源消耗、生活性能源消耗、清洁能源供给总量、传统化石能源供给总量等。能源子系统——能源消费及传统化石能源供给部分如图 3-8 所示。

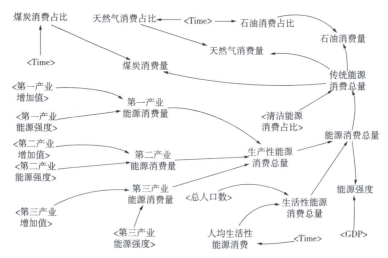

图 3-8　能源子系统——能源消费及传统化石能源供给部分

在能源子系统的清洁能源供给部分，除了体现风电、光伏、生物质能等一次清洁能源的变动情况，氢能在使用全过程具有无污染、热值高等特点，被誉为未来最有潜力的二次清洁能源之一，同时其还原性强等化学特性也是在"双碳"目标背景下替代焦炭等高碳排原料的"绿色化工"理想原料，河北省在清洁能源大力发展的背景下，氢能制取可作为理想的调峰、储能方式，故将氢能作为二次能源的代表放入该模型。所以本系统部分主要考虑变量有风电、光伏、生物质能、氢能生产量以及其他清洁能源发电量，其他清洁发电量包含垃圾发电、水力发电、地热能等清洁能源。在流量存量图构建过程中，将风电、光伏、氢能等清洁能源产量作为状态变量，同时引入风电装机增加率、光伏装机增长率等速率变量，将其他变量作为辅助变量。能源子系统—清洁能源供给部分如图 3-9 所示。

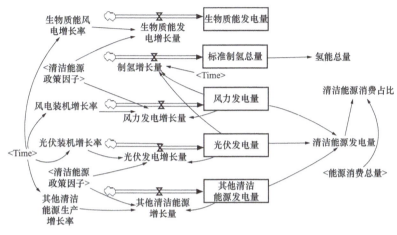

图 3-9 能源子系统—清洁能源供给部分

5. 政策子系统

政策子系统涉及的变量主要有清洁能源补贴、能源补贴政策指数、减排政策、污染治理投入等。通过引入碳减排政策因子和清洁能源政策因子来表达政策对于系统的作用，碳减排政策因子是通过碳排放强度目标值与实际值（估计值）的比较来引入，清洁能源政策因子通过能源强度的目标值与实际值（估计值）的比较来引入，并通过逻辑关系、数量关系等对各个变量赋值及方程定义，政策子系统流量存量图如图 3-10 所示。

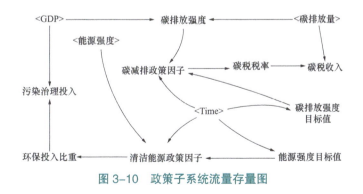

图 3-10 政策子系统流量存量图

6. 环境子系统

可持续发展政策以及"双碳"目标背景下，各主体对碳排放量的重视程度必然提高，本文在构建环境子系统时，为简化模型，只考虑传统化石能源消费过程中产生的碳排放量，忽略了其他过程产生的碳排放以及硫化物、氮化物等污染物的影响。因此，环境子系统模型主要涉及变量有煤炭碳排放、石油碳排放、天然气碳排放等，环境子系统流量存量图如图 3-11 所示。

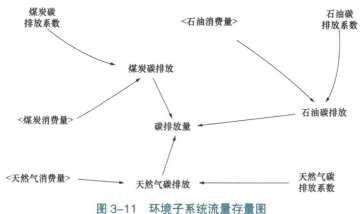

图 3-11　环境子系统流量存量图

3.1.5　系统仿真过程

1. 仿真模型参数及变量方程确定

在系统动力学建模中，参数及变量方程的确定是模型成功运行的前提，本文所有变量各年限原始数据来自中国统计年鉴、河北省统计年鉴、河北省国民经济与社会发展统计公报及中国能源统计年鉴等，化石能源碳排放因子来自 IPCC 指南。

为方便理解，对主要变量赋值及公式构造过程加以解释，在常数值的确定上，例如煤炭碳排放系数、石油碳排放系数和天然气碳排放系数，其数据均来自 IPCC 机构的官方网站数据。在方程拟合上，以三次产业增加值为例，对其赋予公式考虑了三次产业投资额与产业增加值的关系，通过统计软件 SPSS 对 2010—2020 年数据进行拟合回归分析，得到第二、第三产业增加值与第二、第三产业投资额拟合关系较好，因此建立模型的方程关系为

第二产业增加值 =0.43× 第二产业投资额 +5765.22 　　　（3-2）

第三产业增加值 =0.85× 第三产业投资额 +1043.27 　　　（3-3）

第一产业增加值和相应投资额方程拟合关系较差，用方程表示变量关系代表性较差，因此用表函数来表示相应关系，表函数如下：

第一产业增加值 =WITHLOOKUP（第一产业投资额，（[（0，0）–（2 000，4 000）]，（559.63，2 473.1），（590.36，2 702.8），（704.75，2 914），（808.32，3 141.9），（1 123.87，3 164.7），（1 499.01，3 100.5），（1 628.47，3 082.5），（1 724.97，3 130），（1 738.55，3 338.6），（1 833.91，3 518.4）））

除此外，模型中其他不易用解析方程来代表变量间关系的，均用表函数来表达，例如 GDP 增长率、GDP 科技投入比例、人均生活性能源消费、出生率、死亡率等变量。通过上述 6 个子系统的系统流图的构建，最终组合为河北省能源系统总系统流图，如图 3–12 所示。

2. 预测模型有效性检验

根据系统动力学中各个变量之间的参数关系，为各个变量赋值，在模型构建过程中，各变量数据均来自河北省统计年鉴、中国能源统计年鉴以及政府官方网站公开数据，系统动力学模型构建完成后，为保证模型的有效性，需要对模型进行验证，通过对各变量带入数据以及赋予公式，经过反复调试，模型将得到进一步完善。在系统动力学模型中模型有效性检验方法一般包含直观性检验、运行检验、历史检验等。

（1）直观性检验是用来验证系统动力学模型中的因果关系、系统结构、变量类型等与实际系统是否存在矛盾，模型整体能否有效表达所研究对象。本文在对各子系统的影响因素进行 ISM 解释结构层次分析的基础上进行因果关系图建模，在因果关系基础上对模型进行公式代入及数据赋值，逻辑性完善，反馈关系合理，符合现实系统中的逻辑性，并通过对相关参数的调试，成功通过 Vensim 软件本身的结构检验和单位检错。因此可以得出结论，本模型满足直观性检验的要求。

（2）运行检验又称为结构检验，用来检验系统动力学模型是否稳定，具体方法是通过主动变动某一变量，其余变量是否会产生较大的变动趋势。本文在仿真过程中，以 1 年为单位设置仿真步长，仿真时间为 2010—2060 年，由于能源消耗总量作为能源系统的核心变量，所以在运行检验中，通过调整仿真步长为 0.5、2 年，看能源消费总量是否会发生较大变动，运行检验情况如图 3–13 所示，通过该图可知该模型通过运行检验。

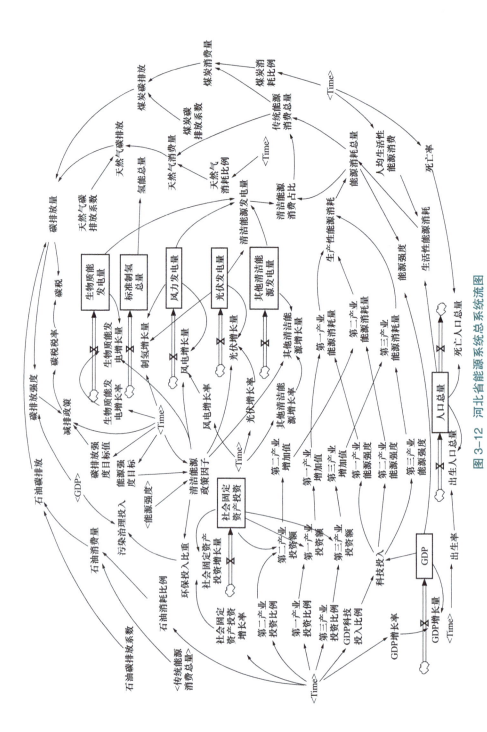

图 3-12 河北省能源系统总系统流图

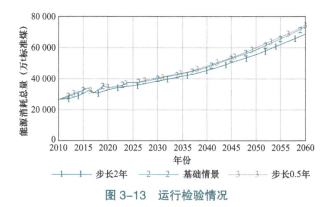

图 3-13　运行检验情况

（3）历史检验是通过比较某一变量模型运行的仿真值与历史实际值的差异，如果误差小于 15%，则通过历史检验，该检验是对模型精确性的考察。本文以 1 年为单位设置仿真步长，仿真时间为 2010—2060 年。选取能源消费总量、碳排放量对该模型有效性进行检验，仿真检验结果见表 3-2。根据上述变量的历史值与仿真值对比，误差均在 10% 以内，说明该模型有效，通过历史检验。

表 3-2　　　　　　　　　　　　　　仿真检验结果

年份	能源消费总量（万 t 标准煤）历史	能源消费总量（万 t）仿真	误差（%）	碳排放量（万 t 标准煤）历史	碳排放量（万 t）仿真	误差（%）
2010	26 201.41	26 756.9	-2.12	19 239.50	19 352.5	-0.59
2011	28 075.03	27 122.3	3.39	20 564.63	19 498.5	5.18
2012	28 762.47	28 525.9	0.82	20 957.36	20 334.2	2.97
2013	29 664.38	30 061.3	-1.34	21 556.27	21 298.5	1.20
2014	29 320.21	31 213.4	-6.46	21 253.90	21 984.6	-3.44
2015	31 036.73	32 300.1	-4.07	22 486.43	22 590.9	-0.46
2016	31 458.05	33 656.5	-6.99	22 519.34	23 183.1	-2.95
2017	32 082.56	30 686.2	4.35	22 712.38	20 672.1	8.98
2018	32 185.24	32 670.7	-1.51	22 474.87	21 677.8	3.55
2019	32 545.43	35 041.5	-7.67	22 365.32	22 801.8	-1.95
2020	32 782.76	31 934.8	-2.59	22 188.32	21 827.8	-1.62

3. 仿真结果分析

通过上述分析，本文成功构建出河北省能源系统系统动力学模型，以1年为步长，各变量均维持为2020年水平（趋势）保持不变，但GDP增长率除外。由于2020年受到新冠疫情影响导致地区GDP增长率不规律变化，本文仍假设2020年后河北省GDP增长率保持在6%，并将该情景作为基础情景。通过模型仿真得到能源消耗总量、碳排放量情况，基础情景仿真情况如图3-14所示。

可以看出，河北省的能源消耗总量与碳排放量仿真值前几年有所起伏，后期一直处于单调递增趋势，说明当河北省政策维持在2020年水平保持不变后，为了满足经济社会发展的需要，能源消费总量将保持上升趋势，到2030年达到39 927.6万t标准煤，到2060年达到73229.8万t标准煤；碳排放量到2030年达20 216万t，到2060年达47 048.8万t。由于能源结构仍保持2020年现状，即以煤炭为主体能源，这将导致碳排放量持续上升，并在后续不会出现峰值，这与河北省"双碳"目标的要求是相违背的。在清洁能源供给量方面，2020年以后清洁能源发电量维持在628.47亿kWh保持不变，折合清洁能源消费772.39万t标准煤，远未达到河北省清洁能源的经济可开发量，仍有较大的发展潜力。在"双碳"目标的实现和能源需求总量的持续上升的双重矛盾下，河北省应发挥清洁能源的优势，调整能源结构，大力发展清洁能源产业。

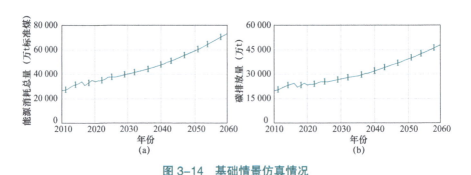

图3-14　基础情景仿真情况

（a）能源消耗总量仿真情况；（b）碳排放量仿真情况

3.2　河北省清洁能源发展情景模式分析

情景分析方法是系统动力学模型常用研究方法之一，在保证其他变量不变时，通过改变一个或者多个变量的参数来设置不同的情景模式，与设置的目标值进行对比，来分析影响因素的变化对于目标值的影响程度。本文设定产业结构投资比例调整、科技投资调整情景、居民低碳减排意识提高三种单情景模式以及综合情景对河北省能源系统进行情景模拟，通过各个情景下能源消费总量及碳排放量的变化分析各个因素的作用。然后，在供给侧，满足能源需求的前提下，对河北省"双碳"目标背景下的能源供给结构进行调整，并预测清洁能源发展趋势。最后，通过综合情景模式分析结果，对河北省能源结构转型提供政策建议。

3.2.1　需求侧单情景模式分析

1. 产业结构投资比例调整情景

在上文河北省产业结构分析中，得到河北省产业结构正在逐步向清洁低碳的方向转变，但是属于高耗能、高碳排放的第二产业仍占比过高，在 2020 年第一产业、第二产业、第三产业的占比分别为 10.7%、37.6%、51.7%。

该情景通过调整产业结构投资比重，降低能耗强度较高的第二产业投资比重，相应的提高能耗强度较低的第三产业投资比重，优化产业投资布局。产业结构投资比例调整情况见表 3-3。

表 3-3　　　　　　　　　　产业结构投资比例调整情况

情景	具体情况
基础情景	产业结构投资比例维持 2020 年水平保持不变
情景 1-1	第一产业投资比例不变；第二产业投资比例 2030 年下降 2%，2060 年再下降 4%；第三产业投资比例 2030 年上升 2%，2060 年再上升 4%
情景 1-2	第一产业投资比例不变；第二产业投资比例 2030 年下降 3%，2060 年再下降 6%；第三产业投资比例 2030 年上升 3%，2060 年再上升 6%
情景 1-3	第一产业投资比例不变；第二产业投资比例 2030 年下降 4%，2060 年再下降 8%；第三产业投资比例 2030 年上升 4%，2060 年再上升 8%

通过系统动力学模型仿真，得到能源消耗总量与碳排放量，情景 1 仿真情况如图 3-15 所示，可以看到优化产业投资布局对能源系统有着明显影响。随着第三产业投资比例的增加，能源消耗总量及碳排放量逐渐降低，到

2030 年,情景 1-3 相比于基础情景可减少能源消耗量 1 216 万 t 标准煤,碳排放量 831.1 万 t;到 2060 年,情景 1-3 相比于基础情景可减少能源消耗量 7 945 万 t 标准煤,碳排放量 5 430.3 万 t。通过情景 1 的三种模式对比可知,产业投资比例调整程度越大,能源消耗总量和碳排放量降低幅度越明显,但在该情景下碳排放量仍处于单调递增趋势,未出现峰值,不符合"双碳"目标的要求。

2. 科技投资调整情景

该情景主要考虑科技投入的增加对于能源系统的影响,为了模拟河北省政府对于科学技术的投入程度,分别设定在 2030 年与 2060 年科技投入占 GDP 的不同比值进行情景模拟,科技投资调整情况见表 3-4。

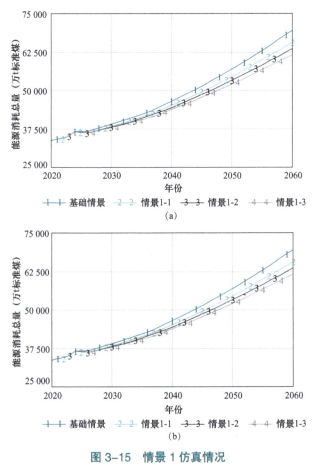

图 3-15 情景 1 仿真情况

(a)能源消耗总量仿真情况;(b)碳排放量仿真情况

表 3-4   河北省科技投资调整情景

情景	具体情况
基础情景	科技投入维持 2020 年水平保持不变
情景 2-1	科技投入占地区 GDP 的比值到 2030 年上升 0.3%，到 2060 年再上升 0.6%
情景 2-2	科技投入占地区 GDP 的比值到 2030 年上升 0.5%，到 2060 年再上升 1%
情景 2-3	科技投入占地区 GDP 的比值到 2030 年上升 1%，到 2060 年再上升 2%

通过对表 3-4 进行仿真模拟，得到河北省能源系统科技投入模拟如图 3-16 所示，R&D 经费投入处于逐年增长趋势。

在本模型中，R&D 投入带来的技术进步可以降低能源强度，提高能源利用效率，最终降低能源消费总量及碳排放量。情景 2 科技投资调整情景模拟结果如图 3-17 所示。通过图 3-17 可以看出，在科技投资调整情景下，科技投资水平越大，能源消耗总量降低幅度越明显。但仅依靠科技投资的增加这一项措施无法实现"双碳"目标的要求。

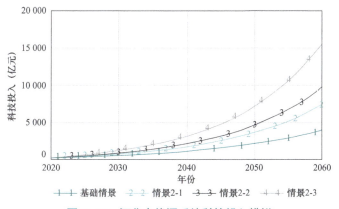

图 3-16 河北省能源系统科技投入模拟

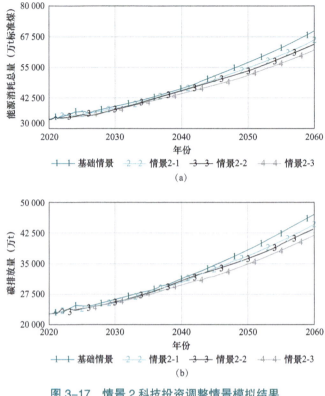

图 3-17   情景 2 科技投资调整情景模拟结果

（a）能源消耗总量仿真情况；（b）碳排放量仿真情况

3. 居民低碳意识提高情景

生活性能源消费是碳排放的主要来源之一，提高居民低碳意识可有效降低能源消耗总量，降低碳排放量。情景 3 选择人均能源消耗指标来反映居民低碳意识，随着经济水平的提高，居民人均能源消耗逐渐增加，但低碳意识的提升有可能减缓人均能源强度提升的速度，基于这一假设，居民低碳意识提高情况具体设置见表 3-5。

表 3-5   居民低碳意识提高情况具体设置

情景	具体情况
基础情景	人均能源强度维持 2020 年水平保持不变
情景 3-1	人均能源强度到 2060 年提高 30%

情景	具体情况
情景 3–2	人均能源强度到 2060 年提高 20%
情景 3–3	人均能源强度到 2060 年提高 10%

居民低碳意识提高情景仿真结果如图 3-18 所示，到 2060 年，情景 3-1 至情景 3-3 生活性能源消费分别达到 6 808、7 729、8 649 万 t 标准煤。河北省属于人口大省，全民低碳意识的提高可以有效降低生活性能源消费总量，进而降低能源需求总量，减轻能源系统转型压力，有益于清洁能源发展。

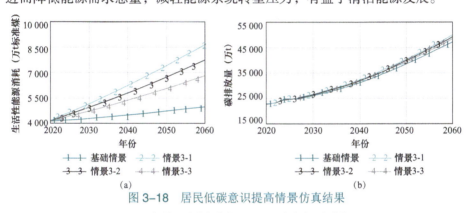

图 3-18　居民低碳意识提高情景仿真结果

（a）生活性能源消费仿真情况；（b）碳排放量仿真情况

3.2.2　需求侧综合情景模式分析

通过上述单情景分析可知，在能源需求侧通过调整产业结构投资比例、科学技术投资、居民低碳意识可有效降低能源消费总量以及碳排放量，但是仅靠调整一种要素，能源需求增长速度降低但总量仍处于增长趋势，调整清洁能源的供给难以实现"双碳"目标的要求，因此需要考虑综合情景模式，分析各个因素的共同作用。通过设定综合情景模式，降低能源消费总量。本文将三种情景模式进行组合，组成三种综合情景，综合情景具体情形见表 3-6。

表 3-6   综合情景具体情形

情景	具体情况
基础情景	各因素水平保持 2020 年不变
综合情景 1	情景 1-1、情景 2-1、情景 3-1
综合情景 2	情景 1-2、情景 2-2、情景 3-2
综合情景 3	情景 1-3、情景 2-3、情景 3-3

利用系统动力学模型进行仿真模拟,综合情景仿真情况如图 3-19 所示。在综合情景仿真中,通过调整产业结构投资比例、科学技术投资、居民低碳意识的不同程度,将其分为三种综合情景模式。可以看出,经过三个要素的共同作用可以更大程度地降低能源系统的能源消费总量和碳排放量。

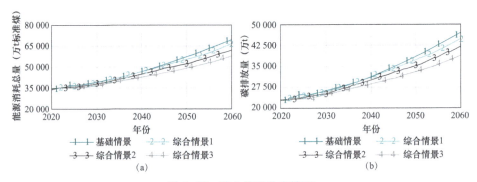

图 3-19   综合情景仿真情况

(a)能源消耗总量仿真情况;(b)碳排放量仿真情况

以综合情景 3 为例,相较于基础情景,到 2030 年,能源消费总量为 36 515.3 万 t 标准煤,相对降低 6%,碳排放量为 24 703.3 万 t,相对降低 6%;到 2060 年能源消费总量为 57 409.3 万 t 标准煤,相对降低 18%,碳排放量 38 710.8 万 t,相对降低 18%。通过需求侧的综合情景分析可知,通过综合情景调整,可以有效降低能源需求增长速率,但能源需求量仍逐年上升。

3.2.3　供给侧单情景分析

清洁能源的开发利用是当前能源系统低碳转型的趋势,河北省清洁能源储量丰富，本小节主要是对能源供给侧的不同情景模式进行设定，进而通过仿真预测清洁能源的发展情况。由上文可知，在需求侧的综合情景仿真下可有效降低能源消费总量和碳排放量，但是为了保证经济发展的需求，能源消费总量仍不断上升，只能减缓能源消费总量的增长率。为了满足"双碳"目标的要求，必须在能源供给侧对能源结构进行调整，为了结果的客观性，本文以综合情景 2 的调整为基础，调整程度为中度。在此情景下，满足能源需求的前提下，对清洁能源发展进行模拟仿真，分析河北省清洁能源发展是否能够满足"双碳"目标要求，对清洁能源发展潜力进行预测。在综合情景 2 中，能源需求到 2030 年达到 37 700.6 万 t 标准煤，2060 年达到 61 939.8 万 t 标准煤，按照"双碳"目标规划要求，到 2030 年，非化石能源消费达到 7 163.1 万 t 标准煤以上，若全部转换为清洁能源发电为 5 828.4 亿 kWh，煤炭消费下降至 22 620.3 万 t 标准煤以下；到 2060 年，非化石能源需求达到 55 745.8 万 t 标准煤，若全部由清洁能源发电需要 45 358 亿 kWh，煤炭消费降低至 3 097 万 t 标准煤以下。

在满足综合情景 2 条件下能源需求的前提下，考虑到"双碳"目标对能源转型的要求，依据 2020 年各清洁能源的增长速度，设置了几种主要清洁能源发展的情景。清洁能源发展情景见表 3-7。

表 3-7 清洁能源发展情景

情景	具体情况
基础情景	清洁能源开发量保持 2020 年现状
情景 4-1	2021—2030 年风电平均增长率维持在 25%，2031—2060 年平均增长率维持在 1.5%
情景 4-2	2021—2030 年光伏发电平均增长率维持在 37%，2031—2060 年平均增长率维持在 9%
情景 4-3	2021—2030 年生物质能发电平均增长率维持在 30%，2031—2060 年平均增长率维持在 6%
情景 4-4	2021—2030 年其他清洁能源发电平均增长率维持在 25%，2031—2060 年平均增长率维持在 6%

通过模型仿真，得到情景 4-1 至情景 4-4 的清洁能源发电量与碳排放量，情景 4 仿真情况如图 3-20 所示。可以看出，在满足能源需求的前提下，大力推进清洁能源产业的发展，可以有效降低碳排放量。

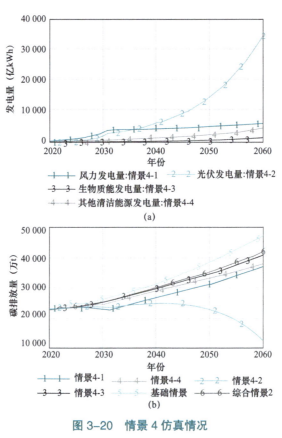

图 3-20 情景 4 仿真情况

（a）清洁能源发电量仿真情况；（b）碳排放量仿真情况

3.2.4 供给侧综合情景分析

根据上文可知，在满足能源需求的前提下，河北省清洁能源发展可有效降低碳排放，优化能源结构，为了"双碳"目标的实现，本节将对能源系统供给侧进行综合情景分析，将情景 4-1 至情景 4-4 的单情景模式组合为综合情景 4，通过系统动力学仿真，综合情景 4 仿真情况如图 3-21 所示。

由图 3-21（a）可知，在综合情景 4 仿真情景下，2030 年河北省清洁发电量达 6 170.8 亿 kWh，约等于 7 583.9 万 t 标准煤，满足"双碳"目标规划下非化石能源消费达到 7 163.1 万 t 标准煤以上的要求。2060 年河北省清洁能源发电量达 47 207.7 亿 kWh，约等于 58 018.3 万 t 标准煤，满足 2060 年非化石能源需求量的要求。

由图 3-21（b）可知河北省清洁能源占比仿真情况，到 2030 年，河北省清洁能源占比达 20.11%，到 2060 年，占比达 93.67%，满足"双碳"目标下对非化石能源占比的要求。

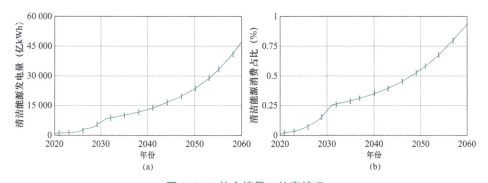

图 3-21　综合情景 4 仿真情况

（a）清洁能源发电量仿真情况；（b）清洁能源占比仿真情况

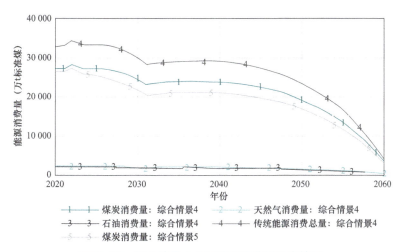

图 3-22　综合情景 4 化石能源消费量仿真情况

综合情景 4 化石能源消费量仿真情况如图 3-22 所示，在综合情景 4 中，到 2030 年，河北省传统化石供给减少至 30 116.7 万 t 标准煤，到 2060 年，减少至 3 921.48 万 t 标准煤。但是传统化石能源供给比例一直按照 2020 年状态进行仿真模拟，煤炭、石油、天然气的供给比例达 86∶6∶8，煤炭消费比重在化石能源中处绝对地位。到 2030 年，煤炭供给降低至 24 683.7 万 t 标准煤，到 2060 年减少到 3 214.04 万 t 标准煤，不满足"双碳"目标要求（综合情景2 前提下，要求 2030 年煤炭消费降低至 22 620.3 万 t 标准煤以下，到 2060 年煤炭消费降低至 3 097 万 t 标准煤以下）。在该情景下，需要传统化石能源的替代，适当提高天然气这种低碳排放的较清洁的化石能源供给比例，降低煤炭的供给比例，设定综合情景 5 模式，在综合情景 4 的基础上，到 2030 年传统化石能源供给中煤炭比例降低 10%，天然气比例提高 10%，石油比例不变。通过运行仿真，得到 2030 年煤炭消费降低至 21 672 万 t 标准煤，占能源消费比重为 57%，2060 年减少至 2 821.89 万 t 标准煤，占能源消费比重为 4.5%，符合"双碳"目标的要求。综合情景 5 仿真情况如图 3-23 所示。

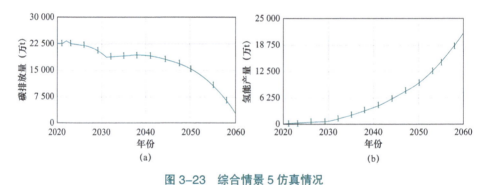

图 3-23　综合情景 5 仿真情况

（a）碳排放量仿真情况；（b）氢能产量仿真情况

由图 3-23（a）可知，在综合情景 5 中，河北省碳排放呈现两段趋势，在 2023 年达到峰值 23 230 万 t，然后碳排放量逐渐降低，在 2030 年碳排放量达到 19 658.1 万 t 标准煤，在 2030 后碳排放量降低趋势速度逐渐加快，到 2060 年碳排放量减少为 2 559.67 万 t，根据河北省碳中和能力，其森林覆盖率达到 35% 以上，在 2060 年前可以实现碳中和。通过综合情景 5 的系统动力学仿真，可知河北省清洁能源发展潜力巨大，通过改善能源结构，可以满足"双碳"目标的要求，但由于风电、光伏等清洁能源随机性强，易受天气影响的特点，随着清洁能源的比例上升，能源系统稳定性会受到威胁。氢能作为一种理想能源，使用全程无污染，热值高，受到各国的青睐，可作为未来能源系统调峰、储能的理想中间能源。本文在综合情景 5 仿真下，以风电、光伏发电量的 20% 比例进行氢能生产，最终仿真产量如图 3-23（b）所示，在 2030 年年产量可达 653 万 t，到 2060 年达 21 523 万 t，氢能开发潜力大。

通过综合仿真结果，可以看出河北省清洁能源发展潜力巨大，推动清洁能源的发展可以助力"双碳"目标的实现，其中光伏、风电是河北省潜力最大的清洁能源，在未来能源体系中成为能源主体部分。随着风电、光伏、生物质能等清洁能源在能源结构中比重加大，考虑到清洁能源随机性强，易受天气影响的特点，应推动氢能以及其他储能产业的发展。

根据本文研究结果，河北省政府为实现"双碳"目标，制定清洁能源发展政策时应重点关注以下几点。

（1）瞄准"双碳"目标，推进清洁能源发展体系建设。根据情景分析结果，提高能源结构中清洁能源占比，降低传统能源尤其是煤炭的比例，可有效减少碳排放，助力于"双碳"目标的实现。首先，大力发展清洁能源，发挥河北省清洁能源资源较为丰富优势，加大风能、太阳能、生物质能等可再生能源开发，运用天然气等清洁能源实现对传统化石能源的替代，此外，针对风电、光伏等发电随机性强，产用错峰等问题，可通过发展氢能等储能方式解决，加快氢能产业布局，支持邯郸、张家口和保定等地区发挥氢能产业基础和特色优势，引进培育一批氢能制取、储运、加注、应用企业和研发机构，加快氢能产业集聚发展。

（2）推进产业结构调整。河北省是重工业大省，第二产业是河北省经济发展的主要贡献力量，要稳固第一产业的发展，鼓励第三产业的发展，适当降低第二产业的比例，将提高传统产业的发展质量放在首位，推动第二产业向着高质量方向发展。依托河北省钢铁、制药、水泥等优势产业，优化用能结构和能效，加大适用的节能低碳技术推广力度，利用数字化手段实现智能化管控，通过多能互补提高清洁能源的利用率，把握河北省高能耗产业区域集中、用能集中的特征，与周边相关蒸汽、氢气、可再生能源产销互供优化产业布局，降低能源强度。

（3）推进 R&D 投入。根据经济发展状况，适当增加科技投资，培养科技人才，加大对风电光伏、新型电力系统、高密度储能、工业用氢、氢燃料电池等关键技术和装备的研发攻关力度，推动产业结构现代化发展，提高能源使用效率，降低能源强度，通过技术创新，降低清洁能源等新兴产业的成本，加速清洁能源等产业的发展。

（4）推进居民低碳意识教育。当前发达国家能源消费占比中居民消费达到31%，远高于河北省的12.56%，随着新型城镇化和乡村振兴的推进，居民生活水平逐步提高，居民能源消费仍有强劲的提升空间，需要推进居民低碳意识。

（5）完善能源消纳以及政策监管制度。清洁能源产业的高质量、高效率发展是实现"双碳"目标的关键。

第 4 章

河北省风电产业发展战略分析

4.1 河北省风电产业发展现状

4.1.1 风电装机规模显著增长

河北省风能资源丰富，其风能资源区主要分布在张家口坝上、承德和沿海的沧州、唐山、秦皇岛等地区。对风能资源的开发利用形式主要是发电，2007 年，张家口坝上地区获批国家首个百万 kW 风电示范基地，随后越来越多的风电项目立项建设，河北省风电装机容量快速增长。2008—2022 年河北省风电装机容量如图 4-1 所示，显示了河北省风电装机容量近 15 年来的变化，并网装机容量已经从 2008 年的 70 万 kW 增长到 2022 年的 2 796.4 万 kW，并网装机容量位居全国第 2 位。2021—2022 年风电装机容量前十的省（市、自治区）见表 4-1。

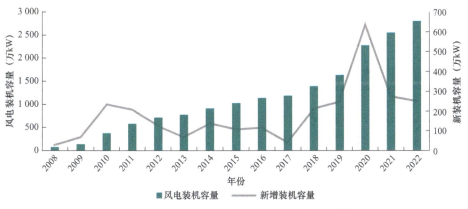

图 4-1　2008—2022 年河北省风电装机容量

表 4-1　　　　　　2021—2022 年风电装机容量前十的省（市、自治区）

排名	省（市、自治区）	2021 年装机（万 kW）	排名	省（市、自治区）	2022 年装机（万 kW）
1	内蒙古	3 996	1	内蒙古	4 548
2	河北	2 546	2	河北	2 797
3	新疆	2 408	3	新疆	2 614
4	江苏	2 234	4	山西	2 318
5	山西	2 123	5	山东	2 303
6	山东	1 942	6	江苏	2 254
7	河南	1 850	7	甘肃	2 073
8	甘肃	1 725	8	河南	1 903
9	宁夏	1 455	9	宁夏	1 457
10	广东	1 195	10	广东	1 357

4.1.2　风电利用效率不断提高

从利用小时来看，河北省风电整体利用小时数高于全国平均水平，表4-2 显示了 2015—2020 年风电并网运行数据，2015 年，河北省风电弃风率为15%，到 2020 年，风电弃风率已经降低到 4.7%。利用小时数也由 2015 年的1 808h 增长到 2020 年的 2 145h。

表 4-2　　　　　　　　2015—2020 年风电并网运行数据

省（区、市）	数据名称	年份					
		2015	2016	2017	2018	2019	2020
全国	累计并网容量（万 kW）	12 934	14 864	16 367	18 426	21 005	28 172
	发电量（亿 kWh）	1 863	2 410	3 057	3 360	4 057	4 665
	弃风电量（亿 kWh）	339	497	419	277	168.6	166.1

省(区、市)	数据名称	年份					
		2015	2016	2017	2018	2019	2020
全国	弃风率（%）	15	17	12	7	4	3.5
	利用小时数（h）	1 728	1 742	1 948	2 095	2 082	2 097
河北	累计并网容量（万 kW）	1 022	1 188	1 181	1 391	1 639	2 274
	发电量（亿 kWh）	168	219	263	283	318	367.6
	弃风电量（亿 kWh）	19	22	20.3	15.5	16	18.3
	弃风率（%）	10	9	7	5.2	4.8	4.7
	利用小时数（h）	1 808	1 936	2 250	2 276	2 144	2 145

4.1.3　风电产业链较完善

风电产业链主要分为三个环节：上游是原材料及风电零部件的制造，中游为风机整机制造和维修，下游为风电场的建设和运营。目前，河北省已经建成较完善的风电产业链。在邯郸冀南新区和邢台开发区建有风电装备生产基地，涉及风机、叶片、塔筒等风电核心部件的制造；在中部地区打造了保定开发区风电装备生产基地；在北部地区打造了张家口和承德风电装备生产基地；在曹妃甸建立了风电装备制造产业园，重点生产海上风电塔筒、管桩、升压站等。完善的产业链有助于各环节的协同，促进风电成本的降低和效率的提高。

4.1.4　海上风电成为开发重点

相比陆上风电，河北省海上风电发展较晚，但发展潜力较大。河北省有唐山、秦皇岛、沧州三个沿海城市，海上风能资源较丰富，近年来，河北省已经开始在这些沿海地区进行海上风电的布局。2020 年，唐山乐亭菩提岛海上风电场全部风机并网发电，这是河北省首个海上风电项目，装机容量 30 万 kW，2022 年，唐山发布了《唐山市海上风电发展规划（2022—2035 年）》以及

《唐山市海上风电发展实施方案（2022—2025 年）》，提出到 2025 年，唐山市要建设 2～3 个海上风电项目，装机容量达到 300 万 kW，到 2035 年，海上风电装机容量要达到 1 300 万 kW 以上，并同步发展海上风电技术研发、装备制造和服务能力，建成国内领先、国际知名的海上风电产业装备制造基地。2023 年，唐山乐亭月坨岛 30.4 万 kW 海上风电项目发电机组设备开始招标，到 2024 年初，唐山已经规划 4 个海上风电场，总开发容量 130 万 kW。秦皇岛和沧州也积极推进海上风能的开发，2022 年，秦皇岛计划建设山海关海上风电项目，规划总装机容量 100 万 kW。2023 年，沧州计划建设黄骅港海上风电项目，总装机容量 130 万 kW；根据河北省"十四五"海上风电规划，海上风电项目分为省管和国管，省管规模 180 万 kW，国管规模 550 万 kW，总规模达到 730 万 kW，河北省计划在 2025 年前完成省管 60 万 kW、国管 100 万 kW 的并网目标。

4.2 河北省风电产业发展环境分析

4.2.1 河北省风电产业发展的有利条件

1. 河北省拥有较丰富的风能资源丰富

河北省具有丰富的风能资源，按统计，风能储量超过 8 000 万 kW。陆上风能资源主要分布在张家口、承德等地区。张家口市地处河北省西北，处于燕山和太行山的交界地带、华北平原和内蒙古高原的交界处，因其气候变化大，温差大，大气对流强，常年刮西北风，风力资源十分丰富，据统计，其风能资源可开发量达 4 000 万 kW 以上，特别是在康保、沽源、尚义、张北、塞北、察北等地区，百米高空年均风速在 5.4～8.0m/s 之间。资源优势使张家口风能产业起步较早，目前张家口地区风电项目已经形成了规模化建设，风电装机规模达到 1 644 万 kW，位列全国第一。与张家口相似，承德也有丰富的风能资源，据测算，承德 70m 高年平均风速绝大部分在 5.5～9m/s 之间，风功率为 200～560W/m² 风电可开发量达到 2 179.7 万 kW，是河北省发展风电产业的重点地区。依托资源优势，承德目前已建成并网风电总规模 538.2 万 kW，在建及推进前期风电规模 496.5 万 kW。除了陆上风能资源，作为临海省份，河北还拥有较丰富的海上风能资源，主要集中在唐山、秦皇岛和沧州等地区，以唐山为例，唐山临海 100m 高度层年平均风速基本在 7.0m/s 以上，海岸线向海 10km 以外风速基本在 7.4m/s 以上，受台风影响小，海上风电年等效利用小时数在 3 200h 左右。近海风能资源可达 120 万 kW，深远海风能资源可达 1 550 万 kW，海上风能开发潜力大。

2. 国家和地区出台了一系列风电支持政策

我国风电产业的发展与国家政策的支持密不可分，早在 2005 年，我国就出台了《中华人民共和国可再生能源法》，2009 年又对该法进行了修订。可再生能源法的出台，表明国家已经把可再生能源的开发利用列为能源发展的优先领域，为此，国家实行了可再生能源发电全额保障性收购制度，要求电网企业给风电、太阳能发电等新能源电力提供上网便利，全额收购其电网覆盖范围内可再生能源并网发电项目的上网电量。国家还扶持在电网未覆盖的地区建设可再生能源独立电力系统。针对当时风电成本较高的问题，我国建立了可再生能源发电定价和费用分摊机制，规定可再生能源发电价格实行政府定价和政府指导价两种，政府指导价即通过招标确定的中标价格。可再生能源发电价格高于当地脱硫燃煤机组标杆上网电价的差额部分，在全国省级以上电网销售电量中分摊。针对风力发电项目的上网电价实行政府指导价，电价标准由国务院价格主管部门按照招标形成的价格确定。随后又制定了标杆电价制度，对风电产业规模的快速增长起到关键性作用。随着"双碳"目标的提出，国家针对可再生能源又出台了一系列鼓励类政策和规划，如《关于完善能源绿色低碳转型体制机制和政策措施的意见》《关于印发 2030 年前碳达峰行动方案的通知》《完善能源消费强度和总量双控制度方案》《中华人民共和国国民经济和社会发展第十四个五年规划和 2035 年远景目标纲要》等，为风电产业的持续发展提供了政策支持和引导。河北省也积极推进风电产业发展，在《河北省碳达峰实施方案》《河北省国民经济和社会发展第十四个五年规划和二〇三五年远景目标纲要》等多个文件中都强调了对风能等可再生能源的大力开发利用，可再生能源规划和相关的鼓励政策形成了良好的政策环境氛围，吸引了许多有实力的企业投资于河北省的风电产业。

3. 电力市场需求潜力大

河北省自古被称为京畿重地，在京津冀一体化中，肩负承接北京非首都功能的重任。从经济发展特征看，河北省经济水平在全国处于排名较后的位置，2021 年河北省人均 GDP 在全国排到 26 名，但整体呈稳步上升趋势，如图 4-2 所示。

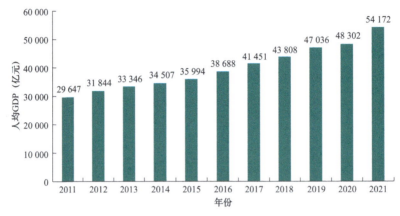

图 4-2　2011—2021 年河北省人均 GDP

经济增长和人民生活水平的提高也促使了电力消费量的增加，2000 年，河北省全社会用电量为 809.34 亿 kWh，到 2022 年已经增长为 4 344 亿 kWh。近年来，随着节能减排举措的实施，单位产值能耗下降，能源的增长速度慢于经济增长速度，能源消费总量得到有效控制。但要实现"双碳"目标必须要进行能源转型，可再生能源替代化石能源成为必然，对风电的需求将大幅度提升，这为风电产业发展提供了广阔的市场。

4. 社会环保意识加强

随着人们生活水平的提高，对环境质量的要求也开始提高，环保意识越来越强。人们认识到传统的经济发展方式是一种不可持续的方式，应该转变这种方式，低碳经济发展模式被提出，可再生能源的开发使用是低碳发展方式下的重要特征。国家和居民的这种认知为风电产业的发展提供了良好的社会环境。绿电交易量也随着公众环保认知的提升逐渐增加，所谓绿电是指符合国家有关政策要求的风电、光伏等可再生能源发电企业上网电量，对购买绿色电力产品的电力用户，可以获得绿色电力证书。绿色电力交易的价格由市场化方式形成，应分别明确电能量价格和绿色环境权益价格。2023 年，河北省发布了《河北南部电网 2023 年绿电交易工作方案（暂行）》，将绿色电力交易分为省内和省间两种类型，省内绿电交易是电力用户向风电、光伏等发电企业直接购电，省间绿电交易则是由电网企业作为有需求电力用户或售电商的代理，跨区域购买绿电。2021 年，河北南网首次组织年度绿色电力市场化交易，交易电量 315 万 kWh。在 2022 年底进行的河北南部电网 2023 年年度绿色电力交易中，11 家用电企业共购买绿色电量 3 390.7 万 kWh。绿色电力交易的增加也反映出企业和公众环保意识的增强，这为风电产业的发展提供了助力。

4.2.2　河北省风电产业发展面临的主要问题

1. 风电进入平价阶段，市场竞争加剧

2009 年国家发展改革委发布《关于完善风力发电上网电价政策的通知》，规定按风能资源状况和工程建设条件，将全国分为四类风能资源区，相应制定风电标杆上网电价。到 2014 年，结合风电产业发展情况，国家发展改革委宣布对陆上风电上网标杆电价进行调整，第 Ⅰ 类、Ⅱ 类和 Ⅲ 类资源区风电标杆上网电价每千瓦时降低 2 分钱，第 Ⅳ 类资源区风电标杆上网电价不变，2015 年，国家发改委再次发布通知，明确陆上风电上网标杆电价随发展规模逐步降低的价格政策。随后的几年时间，标杆电价多次进行了调整，2017 年，国家能源局发布了《关于开展风电平价上网示范工作的通知》，同年，批复了五个省（区）的风电平价上网项目共计 70.7 万 kW。为推进风电项目的平价上网，国家发展改革委、国家能源局出台了一系列文件，包括《关于积极推进风电、光伏发电无补贴平价上网有关工作的通知》《关于建立健全可再生能源电力消纳保障机制的通知》《关于完善风电上网电价政策的通知》等。2019 年出台的风电上网电价政策规定将陆上风电标杆上网电价改为指导价，新核准的集中式陆上风电项目上网电价全部通过竞争方式确定，不得高于项目所在资源区指导价。指导价低于当地燃煤机组标杆上网电价（含脱硫、脱硝、除尘电价，下同）的地区，以燃煤机组标杆上网电价作为指导价。对于 2021 年以前已经核准但没有在规定的时间完成并网的风电项目以及 2021 年以后核准的风电项目，国家不再补贴。在通知中，海上风电标杆上网电价改为指导价，新核准海上风电项目全部通过竞争方式确定上网电价。这一系列的措施都显示出风电产业已经走进平价上网时代。

补贴取消、平价上网也影响到风电产业链的中上游。事实上，近年来风

机的价格已经显著下降，陆上风机招标价格已经从 2020 年 4 000 元 /kWh 左右降低到 2023 年的 1 500 元 /kWh 左右，海上风机招标价格也从 7 000 元 /kWh 左右降低到 3 000 元 /kWh 左右。同时，近年来钢材价格的上涨使风机制造成本提高，风机价格的大幅下降也反映出风机市场竞争的加剧，若要保持企业持续发展，产业链中各个环节都应通过技术创新降低成本，提高利润空间。

平价上网还将改变风电产业的投资结构，为降低成本，风电场规模化、机组大型化成为趋势，这种趋势可能阻碍一些中小企业在风电领域进行投资，风电产业的集中度会更高。

另外，早期建设的风电场技术相较于现在要落后，成本较高，面临着更大的市场压力，老旧风电场改造需求增加。

2. 电网消纳能力的限制

在"双碳"目标推动下，清洁能源发电在电力消费中的占比不断增加，而风电是其中发展较早，发展规模较大，技术较成熟的一种。风力发电具有清洁特性，但也存在随机性、间歇性和波动性等特征，风力发电大量接入电网，能够带来巨大的环境效益，同时，也对现有的电力系统的稳定性带来影响，因此，电网消纳能力成为制约风电产业发展的主要因素。河北省已经加快新型能源强省建设，电网是构建新型电力系统的关键环节，2023 年河北省在电网工程中的投资达到 251 亿元，比 2022 年增长了约 16.2%，这为清洁能源电力消纳能力的提升提供了保障。但未来现代能源系统对应的电网结构不同于传统电网，它要适应集中式大规模风电上网需求，也要适应分散式风电项目上网。目前，河北省电网发展仍滞后于风电装机的发展速度，根据《河北省国民经济和社会发展第十四个五年规划和二〇三五年远景目标纲要》，到 2025 年，河北省风电装机容量要达到 4 300 万 kW，这意味着近三年风电装机容量年增长率要大于 15%，想促进风电产业持续发展，需加强电网建设，使之与风电等可再生能源发电项目建设相匹配。

3. 储能技术不够成熟，储能成本较高

由于风电存在间歇性和波动性，风电大规模上网会对电力系统的稳定造成重大影响，为此，发展储能以便在风电出力不足时使用成为重要的措施。为此，国家提出新建风电、光伏等项目需要进行配储。2023 年，河北省发

展改革委发布了《关于加强风电、光伏发电储备类项目管理工作的通知（试行）》，规定以后风电项目必须从省级储备项目库转出，项目应承诺按要求配置储能等调峰设施，入库时不需要明确配置比例，出库时按当年开发建设方案要求配置储能。可见，储能成为以后可再生能源投资决策必须考虑的因素。目前可以采用的储能技术主要分为机械储能、化学储能和电磁储能三类。常见的机械储能方式是抽水蓄能和压缩空气储能，这类储能方式可实现大功率、大容量电能储存，但是对建站选址要求较高；化学储能是用蓄电池或燃料电池存储电能，这种方式储能量大，适应范围较广，但目前成本较高，而且在使用的过程中也存在一定安全风险；电磁储能是将能量以电磁能的形式储存起来，这是一种先进的储能方式，具有高效率、高功率密度、快速充放电等优点，可以作为风电配储技术选择的重要关注对象，但电磁储能的能源密度低，投资成本较高。所以，储能技术影响着风力发电产业的高质量发展。

4.3　河北省风电产业发展耦合协调度分析

由于河北省风能资源分布不均衡，各地区风力发展方向和发展速度存在差异，通过分析各地区资源条件、风电产业发展基础和市场需求潜力之间的协调性，可以评价各地区风电产业发展水平，识别各地市风电产业发展重点关注的问题。

4.3.1　风电产业发展耦合协调度分析模型

影响风力发电开发利用的因素主要包括资源条件、产业发展基础以及市场需求响应等，因此，这成为产业发展协调状态评价常用的三个维度，本章采用指标属性分组法和专家调研法对反映这三个维度的核心指标进行了筛选，构建出地区风电产业耦合协调度评价指标体系。风电资源条件的指标选择风能资源开发量、土地可利用量、年平均风速；反映各地区风电产业基础的指标选择了风电装机容量、电网接纳能力、风电产业目标以及风电研发能力；反映电力市场需求潜力的指标包括全社会用电量、常住人口、工业用电量、电力消耗增长率、地区生产总值、电耗强度和优良天数比等。

为综合评价各维度的状况以及不同维度之间的协调情况，采用层次分析法（AHP）和熵权法相结合计算出各指标权重值。将主观赋权法（AHP）和客观赋权法（熵权法）相结合的组合赋权方法，可以弥补单一赋权带来的不足，指标的综合权数 W_i 为

$$W_i = b_1\omega_i^1 + b_2\omega_i^2 \qquad (4\text{-}1)$$

式中：W_i 为组合权数；ω_i^1 为层次分析法计算所得的权重；ω_i^2 为熵值法计算所得权重；b_1 和 b_2 表示主客观权重在组合权重中的占比，本章设定 $b_1 = b_2 = 0.5$。

耦合反映了系统要素彼此相互依赖、相互制约的关系，耦合协调度可以用来衡量两个或以上子系统基于某种特性联系而相互作用的程度

$$C = 3 \times \sqrt[3]{\frac{RID}{(R+I+D)^3}}$$
$$T = \alpha R + \beta I + \lambda D \qquad (4\text{-}2)$$
$$H = \sqrt{CT}$$

式中：R、I、D 分别表示风电产业发展的资源条件、产业发展基础与市场需求潜力得分；C 为三个维度之间的耦合度，C 值越大说明三者之间的相互作用相互依赖的关系越大；T 为综合协调指数；α、β、λ 表示资源条件、产业基础和需求潜力对产业发展的重要程度，$\alpha + \beta + \lambda = 1$；$H$ 为耦合协调度。

针对两个维度进行分析时，式（4-2）中的 C 和 T 计算式可以转化为

$$C_1 = 2 \times \sqrt{\frac{RI}{(R+I)^2}}$$
$$C_2 = 2 \times \sqrt{\frac{RD}{(R+D)^2}}$$
$$C_3 = 2 \times \sqrt{\frac{ID}{(I+D)^2}} \qquad (4\text{-}3)$$
$$T_1 = \alpha R + \beta I$$
$$T_2 = \alpha R + \gamma D$$
$$T_3 = \beta I + \gamma D$$

本文将耦合协调度匹配类型划分等级设定为 4 级：0～0.35 为 1 级，表明协调度低；0.35～0.45 为 2 级，表明协调度较低；0.45～0.65 为 3 级，表

明协调度处于中等水平；0.65 ～ 1.00 为 4 级，表明协调度高。

4.3.2　实证分析

将层次分析法与熵权法结合，计算出风电产业耦合协调度评价指标的组合权重，河北省风电产业发展耦合协调度指标体系见表 4-3。

表 4-3　　　　　　　　河北省风电产业发展耦合协调度指标体系

目标层	目标层	指标层	综合权重（%）
地区风电产业发展耦合协调度水平	风电资源条件	资源开发潜力	0.416 9
		土地可利用量	0.396 4
		年平均风速	0.186 7
	风电产业基础	风电装机容量	0.481 3
		电网接纳能力	0.251 8
		产业研发能力	0.135 4
		风电企业数量	0.131 5
	电力需求潜力	全社会用电量	0.159 0
		人口	0.056 4
		工业用电量	0.244 7
		电力消耗增长率	0.080 3
		地区 GDP	0.159 0
		能源消费水平	0.288 7
		优良天数	0.011 9

根据 2020 年的数据，对河北省 11 个地市风电产业发展的资源条件、产业基础和需求潜力进行计算。在资源条件上，河北省风电开发潜力最高的地区为西北及北部高原地区，承德和张家口共计可开发陆上风电电量 3 300 万 kW，唐山和秦皇岛共计可开发海上风电电量 690 万 kW；全省风能资源开发潜力最低地区是南部地区，衡水和邯郸共计可开发陆上风电电量 445 万 kW。河北省风能资源总体呈现出北部地区多，南部城市少的特点，所以，可再生资源丰富的地区张家口、承德、唐山、秦皇岛综合评分较高，衡水、邯郸、廊坊等地的风能资源禀赋评分较低。

风电产业基础评分前 5 位是张家口、唐山、承德、保定和石家庄。承德和张家口风能资源集中，也是河北省风电开发最早的地区，2007 年张家口市获批了国家首个百万千瓦级风电示范基地，经过十几年的发展，张家口风电装机容量已经处于全国第一位。承德也已经具有了良好的风电产业基础，风电并网总规模已经达到 538.2 万 kW，"十四五"时期计划新增风电、光伏装机规模 1 200 万 kW 以上。唐山虽然目前已并网风电装机容量还比较少，但唐山是海上风电发展的重点区域，在建和规划的风电项目规模较大，且唐山有较好的电网基础，石家庄和保定的科研投入和相关专利数量处于河北省前列，风电企业集中，因此，这 3 个地区同样具有较好的风电产业基础。

随着河北省社会经济的不断发展，工业、商业、居民等各个领域对电力的需求量不断增加。为风电产业的发展提供了市场基础，从市场指标来看，唐山、石家庄、邯郸等地区工业用电需求量大，具有较强的市场潜力。

首先计算出两个维度的耦合协调程度，两维度耦合协调计算结果见表 4-4。

资源条件与产业基础耦合协调度分析：张家口、承德的风电资源条件与产业基础处于良好的协调状态，秦皇岛、廊坊和衡水在这两个维度的协调程度较低，其他城市处于中等水平。

产业基础与需求潜力耦合协调度分析：唐山市协调状态最高，这说明需求侧拉动了风电产业的高质量发展，因唐山用电需求高，随着经济增长需求和能源转型需求的增加，风电市场潜力大，这将引致该地区陆上风电和海上风电的大量开发，在保证社会用电需求的同时，减少对环境的污染。衡水在这两个维度的协调度较低，其他处于中等协调状态。

资源条件与需求潜力耦合协调度分析：唐山、张家口和承德匹配状态良好，7 个城市达到了中等协调状态，衡水目前停留在较低协调状态。

表 4-4 两维度耦合协调度计算结果

行政区	资源－产业			产业－需求			资源－需求		
	H 值	协调等级	耦合协调程度	H 值	协调等级	耦合协调程度	H 值	协调等级	耦合协调程度
石家庄	0.551 1	3	中等	0.629 1	3	中等	0.637 0	3	中等
承德	0.733 6	4	高	0.528 1	3	中等	0.709 3	4	高

行政区	资源－产业			产业－需求			资源－需求		
	H 值	协调等级	耦合协调程度	H 值	协调等级	耦合协调程度	H 值	协调等级	耦合协调程度
张家口	0.928 8	4	高	0.644 0	3	中等	0.671 9	4	高
秦皇岛	0.401 5	2	较低	0.388 6	2	一般	0.501 4	3	中等
唐山	0.587 9	3	中等	0.746 8	4	高	0.757 9	4	高
廊坊	0.398 0	2	较低	0.488 5	3	中等	0.461 0	3	中等
保定	0.633 9	3	中等	0.586 9	3	中等	0.651 5	3	中等
沧州	0.474 5	3	中等	0.483 3	3	中等	0.609 0	3	中等
衡水	0.381 7	2	较低	0.383 8	2	较低	0.436 2	2	较低
邢台	0.512 7	3	中等	0.517 6	3	中等	0.557 2	3	中等
邯郸	0.468 4	3	中等	0.543 9	3	中等	0.594 0	3	中等

根据式（4-2）计算出三维度耦合协调度计算结果见表 4-5。

表 4-5　　　　　　　　　三维度耦合协调度计算结果

行政区	H 值	协调等级	耦合协调程度
石家庄	0.604 5	3	中等
承德	0.650 1	4	高
张家口	0.738 0	4	高
秦皇岛	0.427 7	2	较低
唐山	0.693 0	4	高
廊坊	0.447 5	2	较低
保定	0.623 5	3	中等
沧州	0.518 8	3	中等
衡水	0.399 8	2	较低
邢台	0.528 8	3	中等
邯郸	0.532 9	3	中等

通过计算，可以看出张家口的综合协调能力最高，这是因为张家口具有丰富的风电资源，十几年来，张家口对风电开发利用的成果显著，产业发展与资源条件能够匹配，相对于资源与产业的高度协调，产业基础与需求之间的协调度略低，反映出该地区对清洁能源的就地消纳能力与产业发展不同步，需要通过外送消纳，但整体而言，该地区仍处于高协调度水平。承德和唐山风电产业发展与当地资源条件和需求潜力之间也具有较高的协调度。秦皇岛、衡水和廊坊综合协调程度较低，其他地区处于中等水平。

4.4 河北省风电产业发展战略建议

能源转型是实现"双碳"目标的重要途径，作为典型的清洁低碳能源，风电仍是河北省未来进行能源转型的主要选择。经过了近二十年的开发，河北省风电产业在规模上已经取得了显著成果，目前进入高质量发展阶段，在这一阶段风电产业应体现出规模扩大、综合效益提升、产业链协调度提高等特点。为此，应重点关注以下几个方面。

1. 加快大型海上风电基地建设

河北省对大型陆上风电基地的建设开始较早，2007 年，张家口获批了国家首个百万千瓦级风电示范基地，随后，风能资源丰富的张家口、承德等地区成为风电投资的热点地区，风电场数量快速增加，大型陆上风电基地建设效果明显。河北省陆上风电产业已发展较成熟，未来的重点布局是海上风电的开发和风电装备制造。海上风电具有风量稳定、发电效率高、土地资源占用小等优点，河北省有唐山、秦皇岛和沧州 3 个临海城市，唐山海域面积 4 466.89km²，占全省的 64.3%；陆域海岸线 229.7km，占全省的 47.4%；岛岸线占到全省的 97.1%，沿海未利用土地 6.2 万公顷，发展海洋经济前景广阔。秦皇岛有海域面积 1 805km²，海岸线长 184.88km，而沧州管辖的海域总面积为 955.60km²，岸线总长度 92.46km，这 3 个地区都具有开发海上风电的资源条件，适宜建设大型风电场。海上风电场的开发建设还能带动风电装备制造环节的发展，加之这 3 个地区拥有秦皇岛港、唐山港、黄骅港 3 大港口，交通条件便利，这 3 个地区应加大招商引资力度，布局风电装备制造产业，从而形成河北省环渤海大型风电产业集群。

2. 因地制宜，合理布局分散式风电

风电开发虽然呈现出规模化、集中化的趋势，但不能忽略分散式风电的建设。相比于集中式风电项目，分散式风电具有建设规模小、建设周期短，就近消纳等特点，所以它灵活性高，不受高压输电网的限制，可以根据不同的市场需求进行布局，特别是分散式风电产业与乡村振兴战略发展结合度高。河北省应将集中式与分散式并举作为风电开发的方向。目前为止河北省分散式风电规模还远低于分布式光伏的规模，核准政策和商业模式是影响分散式风电的重要因素。2023 年，国家能源局发布了《国家能源局关于进一步规范可再生能源发电项目电力业务许可管理的通知》，该通知明确将分散式风电纳入许可豁免范围，不要求其取得电力业务许可证，通知发布前已经取得了电力业务许可证的分散式风电项目，可以申请注销电力业务许可证。这一政策显然简化了分散式风电开发的核准流程。针对分散式风电商业模式，许多地区已经通过建立综合能源系统建设，将分散式风电开发利用与区域综合能源系统建设、乡村振兴建设相结合等方式进行了探索，河北省应因地制宜，借鉴已有经验，加快分散式风电的开发。

3. 构建新能源技术创新基地

如前所述，河北省风电产业发展面临着平价上网、储能成本高等一系列问题，这些问题的解决最终要依靠技术创新。河北省拥有建设新能源技术创新基地的较好条件：首先，科研机构和高校密集，拥有较多新能源研发人才，且距离京津近，交通便利，还可以充分利用京津科研机构和高等院校的科技资源。其次，新能源产业发展已经具有了一定的规模，且产业链完整，已经拥有电投产融、新天绿能、中航惠腾、中国动力等多家新能源开发和装备制造龙头企业，完整的产业链不仅有利于促进上下游企业的沟通与协作，而且为科研与产业的深度整合奠定了基础，可以促进科研成果的高效率转化。因此，河北省应加强新能源技术创新基地建设，使之成为河北省风电、光伏等新能源产业发展的技术支撑。

4. 推动河北省新型电力系统建设，促进风电消纳能力提升

风电开发规模的扩大必须保障风电消纳能力的提升，而构建新型电力系统是关键。新型电力系统是以新能源为供给主体，以安全可控、清洁低碳、经济高效、开放互动、数据智能为目标，保障源网荷储协调发展的电力系统。

为促进风电产业健康发展,河北省应推动新型电力系统建设。重点工作是加强电网建设,一方面针对大型集中式新能源基地,规划其电力输出通道,配套特高压电网,另一方面,加强农村电网改造,提升分散式风电电量的消纳。同时,推动河北省电网的智能化改造,增强电网灵活性。

5. 加强风光储氢一体化建设

风电、太阳能发电等可再生能源发电形式虽然清洁低碳,但却存在波动性、间歇性的缺点。配合风电、光伏等清洁能源的发展,同时进行储能和氢能的布局,实现多能互补,可以促进风光等清洁能源消纳水平,这也是风电产业、光伏产业高质量发展的重要保障。多能互补是指不同类型的能源互相协调利用,充分发挥各种能源的优势,提高能源系统的灵活性,确保其安全、低碳。因此,在发展风能产业时,应综合规划与其他能源类型以及储能的协同发展。可以针对张家口、承德、唐山等风电开发规模大的地区,布局氢能项目,以提高能源系统的综合效率。

6. 推动老旧风电场改造升级

相比于现在的风电项目,早期建设的风电项目存在单机规模小,风能吸收效率低、运营成本高等问题,这些风电场面临着改造升级和退役的问题。2023 年,国家能源局印发了《风电场改造升级和退役管理办法》,针对我国并网运行超过 15 年或单台机组容量小于 1.5MW 的风电场以及并网运行达到设计使用年限的风电场提出改造升级或退役管理工作办法,为各地老旧风电场改造升级提供了指导。河北省作为风电产业发展较早的省份,也面临老旧风电场改造问题,因此,应有序开展老旧风电场改造升级,提高风能资源和土地资源的利用效率,促进河北省风电产业高质量发展。

第 5 章

河北省光伏产业发展战略分析

5.1 光伏产业链

太阳能最主要的利用形式有太阳能发热和太阳能发电，其中太阳能光伏发电是当前和未来对太阳能利用的最主要形式。光伏发电是利用太阳能电池半导体材料的光伏效应使太阳光射到硅材料上产生电流直接发电，从原材料的开发和提纯到太阳能电池制造及应用系统相联系的一系列产业形成了光伏发电产业链。光伏产业链可以分为三个环节：原材料生产、光伏组件制造和光伏系统的应用环节，具体包括硅料生产，硅锭、硅片的切割，太阳能电池制造，组件封装和光伏发电系统等。光伏发电产业链如图 5-1 所示。

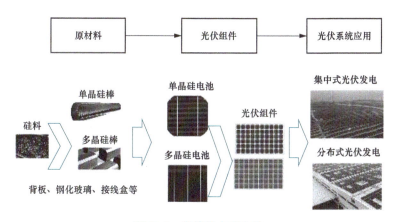

图 5-1 光伏发电产业链

基于清洁能源政策的引导和支持，光伏市场需求大幅度增加，带动了光伏产业链各环节的发展，产能和产量都有了大幅度的提升。2013—2022 年我国光伏产业产量如图 5-2 所示，到 2022 年，我国多晶硅、硅片、电池、组件产量分别达到 82.7 万 t、357GW、318GW、288.7GW，都占到全球产量的 85% 以上，其中硅片产量超过 97%。在应用环节的发展也非常迅速，2022 年，我国累计光伏装机容量已经达到 392.04GW，占全球光伏装机容量的 33%，是全球最大的光伏系统应用市场。

图 5-2　2013—2022 年我国光伏产业产量

5.2　河北省光伏产业发展现状

5.2.1　河北省光伏产业整体状况

河北省光伏产业发展起步较早，经过了十几年的发展，已经拥有了较完整的光伏产业链，产品涉及硅片、太阳能电池、组件、背板、逆变器、电站等，晶硅电池及组件制造环节优势明显，产业规模位居全国前列。在"双碳"目标背景下，光伏产业具有广泛的发展前景，做好光伏产业的战略布局，对于促进河北省经济发展具有重要意义。河北省已经有多地市将太阳能光伏产业放到战略地位，在该领域的投入不断增加，据不完全统计，到 2023 年全省注册资本在 100 万以上的不同类型光伏企业接近 700 家。其中包括晶澳科技、新天绿能、电投产融、保变电气、乐凯胶片、科林电气、海泰新能等上市公司。晶澳科技是光伏领域的龙头企业，在 2023 年《财富》中国 500 强排行榜中位列第 243 位，它主要生产单晶硅棒、单晶硅片、太阳能电池、组件等，也从事光伏电站的开发、建设和运营，2022 年末，晶澳科技在硅片、电池片、组件上的产能分别为 40、40、50GW，收入约 703 亿元。新天绿能近年来也增加了太阳能项目的投资，截至 2022 年底，累计备案未开工项目容量 607.2MW，新增光伏协议容量 7 260MW，累计光伏协议容量达到 19 459MW，已运营 120.32MW 太阳能光伏发电项目，管理装机容量 296.12MW，这些光伏领域的企业推动了河北省光伏组件和光伏发电规模的扩大。

2011—2022 年河北省光伏电池产量及增速如图 5-3 所示。除 2018 年光伏产量比上一年略有下降外，其他年份产量都较上一年有所增长，到 2022 年河北省光伏电池年产量达到 14.39GW，占全国光伏电池总产量的 4.53%。2012—2022 年河北省光伏装机容量如图 5-4 所示，河北光伏装机容量增长趋势明显，年增长速度都在 30% 以上。从无到有，河北省光伏装机容量到 2022 年累计达到 38.553GW，居全国第二位，仅次于山东省，2022 年光伏产业实现的营收达到 511.3 亿元，同比增长 22.1%。

图 5-3　2011—2022 年河北省光伏电池产量及增速

发展光伏产业不仅可以为河北省带来经济效益，还可以带来较大的社会效益，通过替代火力发电，发展光伏产业可以节约对煤的消耗，根据国家发展改革委公布的数据，2021 年，全国火电机组平均供电煤耗降至每千瓦时 302.5g 标准煤，即每吉瓦时的光伏发电将节约煤炭 302.5t。减少煤炭消费量可以避免进一步的环境危害，能够带来可观的碳减排效益。根据节约 1kWh 等于减少排放二氧化碳 0.997kg 来计算，2022 年，河北省光伏发电量为 176.44 亿 kWh，碳价按 60 元/t 计算，2022 年河北省光伏发电带来的碳减排效益可以达到 105 546.4 万元。因此，光伏设备制造产业和光伏发电产业作为河北省发展新能源的战略性选择，对于发展绿色经济，实现可持续发展具有重要意义。

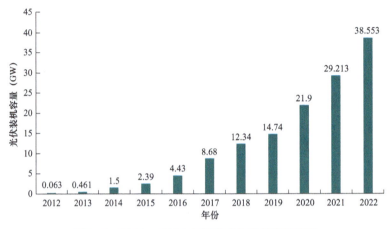

图 5-4 2012—2022 年河北省年光伏装机容量

5.2.2 河北省各地区光伏产业发展概况

1. 承德

承德属于太阳能丰富地区，全市太阳能总辐射量多年平均在 4 600 ～ 6 000MJ/m² 之间，年日照小时数平均为 2 753h，实际利用小时数 1 400h 左右。依托资源优势，承德将光伏等清洁能源产业作为支柱产业，目前建成及获批的光伏发电规模为 1 165 万 kW。在该市制定的《国民经济和社会发展第十四个五年规划和二○三五年远景目标纲要》中，制定了清洁能源产业发展目标，要打造国家级清洁能源产业基地，积极推进风电、光伏发电等清洁能源多种方式开发利用，加快推进千万千瓦级清洁能源发电基地的建设，风电、光伏发电装机规模力争达到 2 000 万 kW。

2. 张家口

张家口处于太阳能辐射 Ⅱ 类区域，年太阳总辐射 5 986MJ，日照时数约 2 667.4h，太阳能资源丰富。2015 年，张家口获批建设国家级可再生能源示范区，加大了对可再生能源的开发利用，到 2023 年，张家口市可再生能源装机规模已达 3 297 万 kW，是全国非水可再生能源第一大市。在京津冀总体布局中，张家口属于首都水源涵养功能区和生态环境支撑区，在 2023 年出台的

《张家口首都水源涵养功能区和生态环境支撑区建设规划（2019 — 2035 年）》中，明确提出要做强可再生能源产业，建设光伏开发应用基地，因地制宜推广农光互补、林光互补、牧光互补等城乡"光伏+"综合利用工程。张家口将光伏与扶贫相结合，建设了一千多个光伏扶贫项目，目前，光伏项目总装机容量已经突破 1 000 万 kW。

3. 保定

2007 年，科技部认定保定为"国家太阳能综合应用科技示范城市"，"太阳能之城"的建设目标是力争用 3 年左右时间，在全市生产、生活等各个领域基本实现太阳能的综合应用。太阳能的应用带来了光伏产业的发展。经过十几年的时间，该市已经拥有约 70 家光伏企业，形成了较完善的光伏产业链。在光伏开发和应用环节，保定市大力发展分布式光伏，到 2023 年上半年，分布式光伏并网装机容量已经达到 400.9 万 kW。同时，保定市还加强了光伏创新基地的建设，我国光伏领域首个国家技术标准创新基地就是由英利公司承建。2021 年，英利中国、华为技术有限公司和华北电力大学合作成立了华为保定新能源电力联合创新实验室，共同推动新能源技术创新，该实验室制定出分布式光伏电站标准，建立了国家光伏技术人才培训中心，为光伏产业的发展提供了技术支撑。

4. 石家庄

基于区位、产业和环境等优势，石家庄近年来光伏产业的发展速度较显著，相关企业有科林电气、电投产融、建投能源等。2023 年，晶澳科技在石家庄建成年产 10GW 切片及 10GW 电池项目。光伏发电项目也不断增加，并网光伏电站已达 61 座，其中集中式 48 座，分布式 13 座，备案装机容量达到 257.128 万 kW。2022 年，石家庄发布了公共建筑分布式光伏开发建设工作实施方案，提出集中建设屋顶光伏发电设施，规划在 2～3 年内能够将市区的分布式光伏覆盖率达到和超过国家试点市县标准。2024 年石家庄计划的新开工、续建、建成投产的光伏项目有 12 个，涉及光伏玻璃、光伏硅片、光伏电池片以及光伏电站等。

5. 唐山

为保障"双碳"目标的实现，唐山也加快了光伏产业的布局，根据 2021 年发布的《唐山市国民经济和社会发展第十四个五年规划和二〇三五年远景目标纲要》，唐山计划打造北部山区和南部沿海地区百万光伏基地，加大推动农村屋顶分布式光伏项目普及发展，到 2025 年光电装机达到 400 万 kW。2022 年，唐山发布了《唐山市光伏发电发展规划（2022—2035 年）》和《唐山光伏发展实施方案（2022—2025 年）》，提出到 2025 年，唐山光伏发电新增装机规模要达到 800 万 kW，其中，统筹开发集中式地面电站 600 万 kW，鼓励各类社会主体开发分布式光伏 200 万 kW。到 2035 年，全市光伏发电新增装机规模累计达到 1 700 万 kW，同时加快形成以高端光伏制造、新型储能装备、分布式智慧光伏发电示范应用为主的特色光伏产业体系，打造北方最大的光伏组件生产基地和智能运维制造基地。在建设模式上，也提出了"光伏 +"的思路，将光伏与农业、光伏与制氢等结合，扩大光伏开发规模。2020 年，唐山光伏装机容量为 61.2 万 kW，其中集中式光伏 28.1 万 kW，分布式光伏 33.1 万 kW，对应规划可以看到，唐山市光伏产业还需加大开发力度。

6. 邢台

邢台在 2022 年发布的《邢台市特色产业提质升级实施意见（2021—2025 年）》中，明确指出光伏新能源是该市重要的特色产业，目前已拥有宁晋单晶硅和开发区新能源两个产业集群。宁晋单晶硅产业集群与晶澳太阳能、松宫电子、晶龙阳光设备等企业协作，重点发展硅片、电池、组件的光伏产业链和晶体生长设备、石墨热系统、石英坩埚、网板、浆料等光伏耗材等特色产品，打造以发展光伏电池系列产品为主的高科技产业。开发区产业群依托晶龙新能源、晶澳（邢台）太阳能、纳科诺尔等重点企业，重点发展光伏系列产品、光热利用产品、电池装备、电池材料、风电机组等特色产品，着力打造国家新型工业化（太阳能光伏）产业示范基地、国家光伏高新技术产业化基地。在光伏发电领域，邢台鼓励分布式光伏的开发，已经在隆尧县、巨鹿县、信都区进行了整县屋顶分布式光伏试点建设，加大了光伏的开发力度。

7. 沧州

2021 年沧州市印发《地面式光伏发电项目开发建设指导意见的通知》，根据文件，沧州市"十四五"地面光伏项目可开发资源理论规模为 7.7GW，"十五五"为 8.1GW。2022 年沧州市规模以上工业新能源发电企业 27 家，新能源发电量 18.9 亿 kWh，其中，太阳能发电企业 12 家，发电量 4.4 亿 kWh。该市鼓励发展整县光伏发电试点，积极打造沧州规模化光伏发电示范应用基地，加快推进沧州市智慧能源装备创新制造 + 综合应用试验示范基地、海兴 258MW 渔光互补光伏发电、中国电建 200MW 农光互补竞价光伏电站等项目建设。除了电站建设，沧州市还积极引进和培育光伏产业的技术研发机构和创新平台，鼓励企业加强技术研究和创新，以提高光伏产品的技术水平和市场竞争力。

8. 衡水

衡水市在"十四五"规划中也明确提出了应用屋顶资源及闲散建设用地加快发展分布式光伏，推动光伏发电就地消纳。计划到 2025 年，建成分布式光伏发电装机规模 40 万 kW。为促进光伏发电的消纳，该市加强了电网建设，并倡导建设多能源协同的综合能源系统，推进分布式能源及光伏储能一体化应用、光伏产业与其他产业的结合。到 2023 年，参与省间电力现货交易光伏装机已有 130 万 kW。

9. 秦皇岛

"双碳"目标下，秦皇岛市提出要构建"风、光、水、火、储、氢"多能互补的新能源格局，利用荒山荒坡土地资源，推进风电 + 储能 + 制氢 + 陆上产业基地的示范项目。该市将海港区、山海关区、抚宁区列入省级整区屋顶分布式试点，海港区积极发展光伏产业全产业链，目前已拥有博冠科技、羿珩科技、博硕光电、硕谷光伏等一批光伏装备企业，光伏层压机产量占到全球市场份额 80% 以上。秦皇岛市不断吸引更多企业加入光伏开发和利用中，2023 年国电电力秦皇岛公司取得了 500MW 海上光伏试点项目，金风科技与秦皇岛经济技术开发区签订《关于建设秦皇岛新能源装备产业基地项目的投资协议》，预计投资 133 亿元建设秦皇岛新能源装备产业基地。其中光伏产业部分总投资金额 40 亿元，由秦皇岛市人民政府与金风科技联合招商引进。秦皇岛北戴河新区管理委员会与河北建投集团新天绿色能源股份有限公司签订总投资 174 亿元"海上风电光伏项目"投资合作协议，将在北戴河新区建设海上风电光伏项目。

10. 邯郸

2022 年邯郸市印发了"十四五"节能减排综合实施方案的通知，提出加快推进高效太阳能利用技术创新、太阳能薄膜电池制造、光伏产业链延长、光伏应用发电示范、分布式光伏和"光伏 +"综合利用工程建设，在磁县、峰峰矿区、涉县、武安市等地开发集中式光伏发电，技术可开发容量达到 290 万 kW。在清洁能源发展的同时，做配套设施建设，提高可再生能源的并网比例。邯郸市计划利用废弃矿山、矿坑及其周边荒山荒坡等资源，建设集中式光伏项目，并配套储能。同时推进整县屋顶分布式光伏试点建设，2022 年新增新能源并网装机 15 万 kW 以上。

11. 廊坊

廊坊市规划构建以电力、天然气为主，太阳能、地热能及氢能等为辅的绿色低碳能源供应体系，建设多个分布式能源耦合系统互供体系，全面推广分布式能源与常规能源系统的智能耦合发展，提升绿色能源智能利用水平。同时加快电网建设，优化主干电网结构，提高光伏等新能源接入能力，保障供电可靠性。2014—2021 年，国网廊坊供电公司已接入 8 000 余个分布式光伏项目，但光伏装机总量仍然较低。受京津冀、雄安地区经济增长，以及区域内大数据产业迅速发展的影响，电网负荷增长潜力大，在未来可再生能源接入与消纳上还存在相当大的可增长空间。根据统计与测算，廊坊地区 3 区 8 县未来可接纳新增光伏空间约 250 万 kW，是当前并网容量的 50 倍左右。

5.3 河北省光伏产业发展环境分析

5.3.1 河北光伏产业发展的有利条件

1. "双碳"目标下的能源转型需求为光伏产业提供了巨大市场

河北省工业发达，经济发展迅速，对电力需求较大。为响应国家政策，河北省积极进行能源结构转型，光伏作为一种清洁能源，满足能源发展需求且对环境友好，存在大规模光伏项目建设的机会，在河北省"十四五"规划中，明确提出到 2025 年光伏装机容量要达到 5 400 万 kW。随着对清洁能源的需求不断增长，也为光伏装备制造产业带来了广阔的市场，河北省光伏装备制造企业可以借助国家的激励政策，开拓市场，实现更大规模的发展。

2. 国家和地方出台多项光伏发电支持政策和措施

为实现碳达峰和碳中和目标，国家出台了一系列支持清洁能源产业发展的规划和政策。这些规划和政策体现出光伏产业是重点发展的朝阳产业，在国家能源转型中具有关键性的地位，也为产业的发展提出了方向。2022 年出台的《智能光伏产业创新发展行动计划（2021—2025 年）》提出到 2025 年，光伏产业智能化、数字化水平要实现显著提升；2022 年还发布了《关于促进新时代新能源高质量发展的实施方案》，提出创新新能源开发利用模式，保障新能源发展合理空间需求，促进新能源高质量发展。在《关于印发加快电力装备绿色低碳创新发展行动计划的通知》中提出要推进新建厂房和公共建筑开展光伏建筑一体化建设，支持牧光互补、渔光互补等复合开发，推动光伏与 5G 基站、大数据中心融合发展及在新能源汽车充换电站、高速公路服务区等交通领域应用。为保障光伏产业的发展，相关部门还提出许多支持措施，2023 年，自然资源部、国家林草局等部委发布《关于支持光伏发电产业发展规范用地管理有关工作的通知》，鼓励各地利用未利用地和存量建设用地发展光伏发电产业。在地区层面，各省也对光伏产业的发展进行了规划和政策引导，表 5-1 列出了 2021—2023 年河北省光伏产业相关政策。可以看出，政策支持为光伏产业的发展提供了强大的助力。

表 5-1　　　　　2021-2023 年河北省光伏产业相关政策

政策名称	颁布时间	主要内容
关于报送整县（市、区）屋顶光伏开发试点方案的通知	2021 年	将张家口市宣化区、秦皇岛市抚宁区、唐山市迁安市、邢台市宁晋县、邯郸市武安市共 5 个县（市、区）列为省级整县（市、区）屋顶分布式光伏开发试点。指导省级试点县（市、区）有序推进试点建设工作，原则上 2022、2023 年分别完成不低于总装机任务的 30%、70%，确保 2023 年底前如期完成项目建设任务
关于加强屋顶分布式光伏发电管理有关事项的通知	2022 年	屋顶分布式光伏项目开发要坚持就近消纳就地平衡。屋顶分布式光伏开发建设要与开发区域内电网建设发展、用电负荷相协调，避免远距离、跨区域送电。严禁超容量接入，各级电网主变（配变）所接入的光伏容量（含已备案在建或待建容量）不应超过设备额定容量的 80%。其中，配变接入的光伏容量（含已备案在建或待建容量）已达设备额定容量 80% 的区域，若上级电网仍有可开放容量，应按照《屋顶分布式光伏建设指导规范（试行）》要求，以 10kW 专变方式接入

政策名称	颁布时间	主要内容
河北省国民经济和社会发展第十四个五年规划和二○三五年远景目标纲要	2021 年	在太阳能光伏等领域攻克一批培育产业新优势的技术,大力发展高效光伏设备,突出太阳能光伏等重点产业链,重点建设张承百万 kW 风电基地和张家口、承德、唐山、沧州、沿太行山区光伏发电应用基地,大力发展分布式光伏
张家口市集中式光伏项目降碳产品方法学、雄安新区分布式光伏项目降碳产品方法学	2022 年	《张家口市集中式光伏项目降碳产品方法学》适用于在张家口市范围内实施的集中式光伏活动所产生的二氧化碳减排量的核算。《雄安新区分布式光伏项目降碳产品方法学》规定了雄安新区相关机关、企事业单位或居民家庭安装及运行分布式光伏发电系统,用于替代化石燃料为主的电网供电,从而相应减少温室气体排放的核算流程和方法
关于组织申报地面分布式光伏项目的通知	2023 年	开展"地面分布式光伏项目"的竞争性配置,提出:鼓励利用闲散空地、坑塘水面、现有建设用地、农业大棚、养殖业大棚、高速公路边坡、油田气田等开发建设地面分布式光伏项目。项目应具备电网接入和消纳条件。优先鼓励在有可开放容量的县(区)谋划布局地面分布式光伏项目,在可开放容量范围内的项目免除储能配建责任;开放容量为零的县(区)或超出可开放容量申报的项目,需通过安装电网远程调控装置、配置储能(冀北电网和南网分别按照 20%、15% 比例配置,时长不低于 2h)、承诺参与调峰等方式开展项目建设
加快推动农村地区充电基础设施建设促进新能源汽车下乡和乡村振兴实施意见	2023 年	鼓励开展电动汽车与电网双向互动(V2G)、光储充放协同控制等关键技术研究,探索在充电桩利用率较低的农村地区,建设提供光伏发电、储能、充电一体化的充电基础设施。探索推动农村充电桩+分布式光伏一体化运营模式。积极发展农村户用分布式光伏,支持各地结合新型城镇化建设、美丽乡村建设、旅游开发等,探索推动充电桩与分布式光伏发电、停车场、加油(气)站等设施一体化发展。结合农村经营体制改革,探索充电桩+光伏开发共建共享新模式,通过土地及屋顶等资源入股、资金投入、吸收劳动力就业等实施项目联合开发经营,促进当地经济发展和城乡居民增收

续表

政策名称	颁布时间	主要内容
河北省发布工业领域碳达峰实施方案	2023 年	鼓励企业、园区就近利用清洁能源，支持具备条件的企业开展"光伏 + 储能"等自备电厂、自备电源建设。增强源网荷储协调互动，引导企业、园区加快分布式光伏、分散式风电、多元储能、高效热泵、余热余压利用、智慧能源管控等一体化系统开发运行，推进多能高效互补利用，促进就近大规模高比例消纳可再生能源。加强能源系统优化和梯级利用，因地制宜推广园区集中供热、能源供应中枢等新业态。加快新型储能规模化应用

3. 河北省具有较好的光伏产业发展基础

河北省已经形成完整的光伏产业链，拥有多家晶棒、铸锭、硅片、电池片、光伏组件等生产制造企业，包括晶澳、英利等大型光伏生产厂商。在光伏发电环节，河北省拥有较丰富的太阳能资源，分布广泛，可开发量巨大。可开发光伏发电项目的地理空间较充足，特别是张家口和承德两个地区，适宜开发集中式光伏项目，其他各市可以因地制宜地发展集中式或分布式光伏项目。到 2023 年河北累计光伏装机容量已经达到 5 416.4 万 kW，其中分布式累计装机 2 392.6 万 kW，集中式光伏 3 023.8 万 kW。保定和邢台两市分别被科技部、中国可再生能源协会授予"国家太阳能综合应用科技示范城市""太阳能建筑城"。河北省在新能源技术创新上也加大了投入，为推进光伏等新能源建设，政府与能源企业、科研院所合作，积极打造新能源技术创新基地。这些成果为河北省光伏产业的高质量发展提供了基础。

5.3.2　河北省光伏产业发展面临的问题

1. 面临技术迭代问题

河北省光伏企业面临一系列关键设备和技术的更新问题。以电池技术为例，近年来，光伏发电项目主要采用的是 P 型 PERC 电池，但这种技术正逐渐被 N 型电池技术取代，N 型电池技术包括 TOPCon、HJT 以及 BC 技术等。这类技术在光电转换效率上要高于 P 型电池，更有利于降低光伏发电成本，所以它也成为电池技术的发展趋势。目前一些大型光伏企业已经布局进行 N

型电池技术的转型，但对于没有进行技术迭代转型的企业，未来很可能因为 P 型技术的竞争力下降而退出市场。

2. 市场竞争加剧

在"双碳"目标背景下，许多地区把新能源产业作为经济发展的支柱产业，硅料、硅片、电池、组件生产制造和光伏电站的开发都成为投资的重点领域。这促使我国在硅料、硅片、电池、组件等方面的产量持续增长，已经占到全球总产量的 70% 以上，光伏装机容量也已经处于全球第一位。但大量企业的进入加大了光伏市场的竞争，也使光伏企业面临着阶段性和结构性过剩风险。激烈的竞争不仅存在于国内市场，在国际市场，受到市场竞争、贸易壁垒等因素影响，光伏装备制造企业面临较大的不确定性。随着光伏发展技术的成熟，光电价格逐渐下降，光伏发电投资同样面临着各种竞争，包括针对项目开发与建设机会的竞争、上网电价的竞争等。

3. 政策变化对光伏投资效益带来重大影响

光伏发展初期的各项新能源政策无疑对该产业的持续发展起到关键性作用。但随着环境的变化，许多可再生能源扶持政策开始退坡，特别是补贴的取消，直接影响到光伏投资的经济效益。配储政策的实施将影响到光伏发电的成本，光伏配储能成本较高，储能系统中电池组件的循环寿命有限，随着时间的推移，其储电容量会逐渐下降。此外，储能系统还需要定期维护和管理，以确保其正常运行，这些都增加了光伏发电的成本。另外，土地政策可能会限制到光伏项目的选址和规模，对光伏企业的运营和发展带来一定的挑战。

4. 光伏发电存在不稳定性

光伏作为间歇性电源，存在出力不稳定、不可控等问题，在电力市场中处于劣势地位，光伏发电除了受太阳辐射量的影响，还受太阳能板维护的影响。河北省秋冬季节，空气质量较差也会影响到光伏板所受辐射量，进而影响发电效率。

5.4 河北省光伏发电产业发展耦合协调度分析

5.4.1 光伏发电产业发展耦合协调度评价指标

研究光伏产业面临的资源条件、产业基础和市场潜力，分析各维度之间

的耦合协调程度，可以为各地区因地制宜，根据自身情况有针对性地制定高
效合理的能源转型计划，调整能源结构提供依据。本节根据科学性、系统性
和可操作性原则，综合考虑资源禀赋条件、项目建设情况和地区能源消耗需
求等因素，构建了河北省光伏发电产业发展耦合协调度评价指标体系，具体
见表 5-2。

表 5-2　　　　　河北省光伏发电产业发展耦合协调度评价指标体系

准则层	一级指标	二级指标
资源条件	自然资源禀赋条件	年辐射总量
		气象条件
		土地可利用水平
产业基础	光伏项目开发状况	光伏项目装机容量
		整县光伏试点数量
	产业发展技术环境	光伏制造企业数量
		科研专利数
	电网容量及运行状况	区域电网容量
		电力消耗增长率
需求潜力	基本用能需求	全社会用电量
		工业用电量
		人口
	需求潜力	地市区 GDP
		农村居民可支配收入
	节能低碳需求	规模以上工业能源消费
		优良天数比

针对筛选出的指标，利用 AHP 和熵权相结合的方法确定各指标的权重，
进而计算出光伏产业资源条件、产业基础和市场需求潜力三个维度的综合评
价指数，计算结果见表 5-3。

表 5-3　　　　　　　　　　　三个维度的综合评价指数计算结果

行政区	资源综合值	产业综合值	需求综合值
石家庄	0.330 1	0.519 7	0.571 8
承德	0.991 3	0.357 4	0.286 5
张家口	0.822 8	0.477 8	0.265 0
秦皇岛	0.420 2	0.137 2	0.311 1
唐山	0.381 0	0.672 0	0.953 5
廊坊	0.347 6	0.191 4	0.370 6
保定	0.371 8	0.588 2	0.408 6
沧州	0.390 8	0.433 1	0.414 1
衡水	0.391 2	0.211 4	0.262 0
邢台	0.365 8	0.451 4	0.369 5
邯郸	0.327 8	0.443 0	0.512 3

从资源条件来看，河北省太阳能资源总辐射量最高地区为西北及北部高原地区，年总辐射量为 5 600 ～ 5 891 MJ/m^2；全省年总辐射量最低地区是容城、永清一带，年总辐射量低于 4 900 MJ/m^2；中南部和东部部分地区年总辐射量在 4 900 ～ 5 200 MJ/m^2；其他地区年总辐射量为 5 200 ～ 5 600 MJ/m^2，太阳能资源呈现为南方少北方多的趋势，可再生资源丰富的张家口和承德地区综合评分较高，石家庄、廊坊和邯郸的自然资源禀赋评分较低。从产业基础来看，评分较高的为保定、石家庄、张家口和唐山。保定光伏制造产业链完整，具有地理优势，同时，当地光伏企业建设较早，在政府的积极号召和国家补贴的激励下，对投资分布式光伏的接受程度较好。张家口综合评分较高是因为张家口的资源禀赋好且可建设集中式光伏电站的土地面积大，冬奥会落地张家口，促使当地清洁能源产业项目建设加快。唐山的综合评分较高是由于唐山资源丰富且工业发达，经济发展水平较高，同时有大量的山地和矿坑，为光伏发展提供了土地资源。从市场需求角度来看，综合评分较高的为石家庄、唐山、邯郸。唐山和邯郸是重工业城市，钢铁产业发达，对能源需求量大。石家庄作为省会城市，交通发达，经济发展水平高，同样有着较大的市场潜力。

5.4.2　实证分析

1. 两维度耦合协调度分析

计算河北省光伏产业资源—产业、资源—需求、产业—需求耦合协调度，两维度耦合度及协调度结果见表5-4。

表 5-4　　　　　　　　　两维度耦合度及协调度结果

行政区	资源—产业			资源—需求			产业—需求		
	H 值	协调等级	耦合协调程度	H 值	协调等级	耦合协调程度	H 值	协调等级	耦合协调程度
石家庄	0.643 6	3	中等	0.738 3	4	高	0.659 1	4	高
承德	0.771 5	4	高	0.565 7	3	中等	0.730 0	4	高
张家口	0.791 8	4	高	0.596 5	3	中等	0.683 4	4	高
秦皇岛	0.490 0	3	中等	0.454 5	3	中等	0.601 3	3	中等
唐山	0.711 3	4	高	0.894 7	4	高	0.776 4	4	高
廊坊	0.507 9	3	中等	0.516 0	3	中等	0.599 1	3	中等
保定	0.683 9	4	高	0.700 2	4	高	0.624 3	3	中等
沧州	0.641 4	3	中等	0.650 7	4	高	0.634 2	3	中等
衡水	0.536 3	3	中等	0.485 1	3	中等	0.565 8	3	中等
邢台	0.637 5	3	中等	0.639 1	3	中等	0.606 3	3	中等
邯郸	0.617 3	3	中等	0.690 2	4	高	0.640 2	3	中等

从资源条件和产业基础维度来看，河北省的耦合度整体水平较高，仅承德、秦皇岛两个城市的耦合度低于0.9，这说明各地区光伏资源条件与产业基础之间存在较高的相互依赖性。各城市因地制宜，招商引资，使得河北省内的光伏产业链不断完善，区域间的耦合度水平差异减小。从耦合协调度来看，仅承德、张家口、唐山、保定的协调度处于高水平，其余7个城市均处于中等水平，说明这些城市需要加大光伏产业投入。

从资源条件和市场需求维度来看，河北各地区的耦合度均高于0.9，整体耦合度处于高水平状态，协调度水平分布于高、中两个区间，无协调度低的城市。石家庄、唐山、保定、沧州、邯郸的协调度处于高水平，其中石家庄、保定、沧州的经济发展水平较高，唐山和邯郸是典型的工业城市，拥有能耗较高的钢铁产业，电力需求旺盛，与资源条件匹配度较高。

从产业基础和市场需求潜力维度来看，整体的耦合度较高，仅承德、张家口的评分低于0.9。这是因为张承地区的自然资源禀赋条件优良，集中式风电、光伏装机规模大，发电量超出本地需求，所以清洁能源产业的发展不是完全依赖于本地市场的消纳。根据协调度计算结果，协调度高的城市有4个，分别是石家庄、承德、张家口和唐山。说明这些城市清洁能源产业的发展与市场需求之间的相互促进作用显著。张家口、承德清洁电力产量较大，为能源应用提供了基础，这些地区也在积极促进清洁能源的多元化应用，提高就地消纳比例。

2. 三维度耦合协调度分析

计算资源条件、产业基础和市场需求潜力三个维度的耦合协调度，资源—产业—需求耦合协调度结果见表5-5。

表5-5　　　　　　　　资源—产业—需求耦合协调度结果

行政区	H 值	协调等级	耦合协调程度
石家庄	0.679 1	4	高
承德	0.683 0	4	高
张家口	0.686 0	4	高
秦皇岛	0.511 6	3	中等
唐山	0.790 6	4	高
廊坊	0.539 5	3	中等
保定	0.668 6	4	高
沧州	0.642 1	3	中等
衡水	0.528 0	3	中等
邢台	0.627 4	3	中等
邯郸	0.648 5	3	中等

根据表5-5计算数据可知，河北省光伏资源条件、产业基础和市场需求

潜力之间的协调度整体水平较高，说明三者之间存在较强的依赖性。协调程度高的城市有 5 个，分别为承德、张家口、唐山、石家庄、保定。总体而言，协调度高的城市具有自然资源禀赋好、经济发展水平高、工业发达等特征之一。地域特征上表现为北部城市协调度基本高于南部城市。

5.5　河北省光伏产业发展战略建议

当前，河北省经济正处于加快转型升级、迈入高质量发展的关键时期，新型城镇化建设和城乡融合进程加快，产业链由中低端向中高端攀升，能源消费总量尚未达到峰值，如何处理好经济增长、能源安全、社会发展与碳减排的关系，是河北省实现碳达峰碳中和目标的最大挑战。"双碳"目标背景下，发展光伏产业可以满足能源发展规划目标要求，推动能源结构转型。由于各地区光伏资源禀赋、产业基础和市场需求潜力存在差异，在研究河北省光伏产业发展战略时，应分类进行考虑，将河北省各地市分为需求潜力区、资源丰富区和产业发达地区等类型。

在太阳能资源丰富的地区，要采取集中式光伏和分布式光伏并重的战略，在有条件的地区加强光伏集中开发，不仅实现量的增长，更要保障质的提升。对前期已建项目，接近退役年限的，促进替代升级。在不适宜集中开发的地区，推广分布式光伏，汲取各市区整县光伏发展试点的经验，最大限度地利用本地太阳能资源和荒坡、矿坑等土地资源，发展分布式光伏电站。煤改电的农村地区，通过分布式光伏的建设，实现用电的自给自足，降低农村的冬季采暖成本。

推行"光伏 +"的新型模式，将光伏与农业、畜牧业、建筑业以及渔业等行业相结合，扩大分布式光伏的装机规模，实现太阳能与各行业的有机结合。积极探索利用氢能 + 光伏进行储能，统筹供需平衡，为河北省加速发展清洁能源提供优质的保障。

对于光伏产业基础较好的城市，要进一步推进光伏产业的规模化和质量提升，可以利用产业优势，调整人才引进政策，吸引优秀人才落户河北，推行产研结合，加大光伏研发投入，提高河北省在光伏领域的创新能力。在太阳能转换效率提升、光伏发电成本降低、废旧光伏组件回收利用、退役组件资源化等多个方面获取核心技术，为河北省光伏产业的高质量发展提供技术支撑。

对于市场需求潜力大的地区，推进源网荷储一体化建设。源网荷储一体化是指"通过优化整合本地电源侧、电网侧、负荷侧资源，以先进技术突破和体制机制创新为支撑，探索构建源网荷储高度融合的新型电力系统发展路径"，它可以分为区域（省）级、市（县）级、园区（居民区）级等具体模式。源网荷储一体化中将优先利用清洁能源、充分发挥常规电站调节性能、适度配置储能设施、调动需求侧灵活响应积极性，有利于加快能源转型，促进能源领域与生态环境协调可持续发展，所以在市场需求潜力大的地区，应积极构建综合能源系统，实现源网荷储一体化的优势。

第6章

河北省氢能产业发展战略分析

氢能作为一种来源广、零污染、零碳排的绿色能源，是未来零碳能源体系中至关重要的组成部分，是目前大规模跨季节存储可再生能源的主要手段，也是推动传统化石能源清洁利用和促进可再生能源规模发展的理想能源载体。发展氢能产业可有效解决清洁能源发展的一些弊端，通过可再生能源电解水制氢，可实现大规模储能及调峰，有效解决电力不易长期和大规模存储问题，增加电力系统灵活性，促进高比例可再生能源消纳。河北省作为能源生产与消费大省，为实现"双碳"目标，满足能源发展规划的要求，应结合本省的实际，积极探索氢能产业发展的路径。

6.1 河北省氢能产业发展环境分析

6.1.1 河北省发展氢能产业的有利因素

1. 河北省具有发展氢能的资源优势

氢能按生产来源划分，可以分为"灰氢""蓝氢""绿氢"3类。"灰氢"是指利用化石燃料如石油、天然气和煤燃烧制取氢气，成本较低但碳排放量大；"蓝氢"是指使用化石燃料制氢或工业副产制氢的同时，配合碳捕捉和碳封存技术，碳排放强度相对较低但捕集成本较高；"绿氢"是利用风电、水电、太阳能等可再生能源电解制氢，制氢过程完全没有碳排放，但成本较高。河北省拥有大量的可再生能源资源和工业副产氢资源，为发展氢能产业提供了资源基础，氢能发展潜力巨大。

河北省是焦炭、化工大省，焦炉煤气、氯碱、合成氨等工业副产氢充足，截至2020年底，全省工业副产氢的潜在能力约94万 t/年，主要集中在唐山、邯郸、沧州、邢台、定州等地。其中包含唐钢、邯钢、旭阳焦化、金石化工等重点企业共 53 家，焦炭产量 4 825 万 t，年副产氢 47.7 万 t。

河北省拥有丰富的可再生能源资源，据统计，河北省风电、光伏可开发资源总量约 25 575 万 kW，到 2022 年，已开发风电装机容量达到 2 796.4 万 kW，光伏电站累计并网容量 3 855.3 万 kW，风光发电合计装机容量居全国首位。2023 年，河北省可再生能源装机容量持续增长，累计达到 9 300 万 kW 以上，可再生能源发电量达到 1 300 亿 kWh 以上。可再生能源的规模化开发为绿氢发展提供了基础。

2. 河北省氢能市场广阔

为实现"双碳"目标，必须提高可再生能源比重。2021 年河北省能源消费总量中，非化石能源消费占比为 9.2%，按河北省"双碳"目标的路线图，到 2025 年，这一比例要到达 13% 以上，2030 年达到 19%，所以河北省能源转型的任务还很巨大。大规模应用风能、光伏等可再生能源必须解决其不稳定特性带来的问题，需要配合储能方式来平衡大规模可再生能源接入情况下产生的供需差异，氢储能是一种重要的储能方式，它是能源绿色转型的重要载体。面对"双碳"目标背景下可再生能源的潜力，可以预见，河北省氢能产业的市场将非常广阔。

3. 国家与地方加强了对氢能发展的规划

我国已经确定了氢能的战略地位，在 2022 年出台了《氢能产业发展中长期规划（2021—2035 年）》，将氢能发展目标制定为：到 2025 年，要形成较为完善的氢能产业发展制度政策环境，初步建立较为完整的供应链和产业体系。许多省也出台了地方的氢能规划和支持政策，早在 2021 年河北省就发布了《河北省氢能产业发展"十四五"规划》，规划中明确了河北省在"十四五"期间氢能产业链各环节要实现的发展目标，提出要构建"一区、一核、两带"的产业格局。"一区"是指张家口氢能全产业发展先导区；"一核"是指以雄安新区为核心打造氢能产业研发创新高地；"两带"是指氢能装备制造产业带和沿海氢能应用示范带。这些规划为河北省氢能产业发展提供了方向。

4. 河北省氢能产业已有一定的现实基础

目前，河北省已经建设了一批氢能项目，在氢能"制取—储运—加注—应用"产业链布局上具备了一定基础。依托可再生能源示范区建设，河北省张家口地区也在积极推行氢能与可再生能源产业的协同发展。在应用侧，近年来河北省也在积极推广氢燃料电池的应用，特别是在公共交通领域。2022 年，河北省已建成 5 个可再生能源制氢项目，18 座加氢站。在氢能产业发展的重点区域，也已经与高等院校与技术机构合作，布局了多个产业相关的研发中心。

6.1.2　河北省发展氢能产业的不利因素

1. 氢能应用综合成本高

在现有的三种制氢方式中，"灰氢"的成本较低，但会产生污染，而"蓝氢"和"绿氢"的成本仍然较高，这成为影响氢能产业发展的最关键因素。"绿氢"是一种环境友好型制氢方式，也是未来发展的重点，但成本高昂将阻碍其大规模商业化推广，通过技术创新，降低成本是氢能产业发展的关键。另外，河北省氢能产业处于初步探索阶段，基础设施建设和氢能应用需大量资金支持，成本大，资金回收周期长，不易吸引企业投资，资金压力过大，也是氢能产业发展过程中要面临的问题。

2. 氢能存在安全风险

氢气容易燃烧和爆炸，所以氢气在储存、运输和使用过程中，都可能出现安全风险，需要采用特殊的设备和技术，这也是造成氢能成本较高的原因。安全问题是氢能生产利用过程中必须保障的问题，为推广氢能源广泛应用，应该通过技术创新，在保障安全的前提下，降低氢能制造、运输和使用成本。

3. 氢能产业链发展的不平衡性

生产、运输、储存和利用形成了氢能产业链的各个环节，目前，河北省在氢能生产环节的发展较快，已经启动了许多工业副产氢和可再生能源制氢项目，但氢能的能源化利用规模还较小，如果生产环节与其他环节发展不平衡，将造成氢能过剩的局面，这也是河北省发展氢能产业过程中需要关注的问题。

6.2　河北省氢能产业链发展现状

6.2.1　制氢环节

氢的制取主要包含三种技术路线，制氢方法特点见表 6-1。

表 6-1   制氢方法特点

制氢类型	灰氢	蓝氢	绿氢
成本 （元 /kg）	9 ～ 12	10 ～ 16	30 ～ 40
现状	技术成熟，目前主流	技术较成熟，潜力较大	技术较成熟，市场占比小
劣势	污染大，消耗化石能源	依赖重工业发展	成本高，技术有待完善
优势	成本低，产业链完善	提高资源利用效率	低污染，可持续

对于灰氢的制取，即通过煤炭、天然气等化石燃料制氢，该方法污染较大，消耗化石能源，增加碳排放，不利于"双碳"目标的实现，但是该技术手段较为成熟，产量高，成本也最低。灰氢目前仍是我国的主要氢源，产量占比超过 60%，也是河北省氢气获取的主要途径。灰氢制取主要包括煤制氢、天然气制氢、石油制氢、甲醇制氢等，其中煤制氢凭借其成本低，技术成熟，产量大等优势，成为目前河北省氢气的主要来源。天然气由于产量小等原因，原料成本较高，用于制氢不具经济性，其制氢产量较少。石油由于将原料用于炼油深加工可以发挥更大的经济效益，较少用于制氢工艺。随着清洁低碳发展的要求越来越严格，以及河北省氢气需求总量的增加，在灰氢生产中，正逐步淘汰碳排放较大的煤制氢工艺。天然气制氢碳排放量相对较低，技术较为成熟，是化石原料制氢中比较理想的制氢方式，但由于天然气产量较低，成本受到原材料成本限制，可将其作为河北省支持氢源供应的补充来源。

蓝氢制取既可以提纯利用工业生产过程中产生的副产物氢气提高资源利用效率和经济效益，又可降低污染、改善环境，符合低碳减排政策的要求。蓝氢制氢特点见表 6-2。

表 6-2   蓝氢制氢特点

类型	主要原料	优点	缺点	能源效率	成本	碳排放
蓝氢	焦炉气、氯碱、丙烷脱氧制丙烯和乙烷裂解制烯烃副产的粗氢气	产量大、经济性好、分布广、运输方便	具有一定污染性，受制于原料的供应，依赖焦化企业	焦炉气提取制氢 > 80% 氯碱制氢 > 80%	焦炉气制氢 1.2 元 /m³、氯碱制氢 1.3 ～ 1.5 元 /m³	小于 5kg/kg 氢气

河北省有许多钢铁、化工等重工业企业，为生产副产氢提供了条件。截至 2020 年底，全省工业副产氢潜在能力约 94 万 t/ 年，主要集中在唐山、邯郸、沧州、邢台、定州等地。工业副产氢可以作为河北省氢气制取的重要组成部分。

绿氢主要是通过电解水技术进行氢气制取，此外还包括利用可再生的生物质能源制氢，随着日益增长的低碳减排需求，氢的绿色制取技术受到广泛重视，利用可再生能源进行电解水制氢是目前众多氢气来源方案中碳排放最低的工艺，是未来最有发展潜力的绿色氢能供应方式。绿氢制氢特点见表 6–3。

表 6–3　　　　　　　　　　　绿氢制氢特点

类型	电解水制氢	生物质制氢
成本	$3 \sim 5$ 元 $/m^3$	实验阶段
工艺	碱性电解水制氢、质子交换膜电解水制氢、固体氧化物电解水制氢	生物质发电然后电解制氢、生物质发酵制氢、生物质制取乙醇然后乙醇重整制氢
现状	能源效率处于 $45\% \sim 55\%$，技术发展不成熟	实验试点阶段
劣势	成本高，消耗电量大	处于实验阶段，其工艺稳定性，高效性等很多难点需要解决
优势	工艺流程简单，反应过程无污染，制氢纯度高	环保，产量高

河北省作为工业大省、能源大省，化石能源消费所占比重大，为实现"双碳"目标，河北省必须大力发展清洁能源，促进能源绿色低碳转型。氢能作为能源互联媒介，通过风电、光伏发电的电解水技术制取氢气可有效解决清洁能源消纳，电力调峰等问题，增加电力系统灵活性，促进高比例可再生能源消纳，减少弃风和弃光率，带来可观的环境效益。根据相关测算，1 万 t 绿氢可以减少 10 万 t 以上二氧化碳排放，因此，在河北省大力发展风电、光伏等清洁能源的背景下，发展绿氢产业潜力巨大。

由于技术刚刚起步，目前绿氢制取仍存在以下缺点，第一，制取成本高。从每生产 $1m^3$ 氢气的成本来看，煤制氢成本不足 1 元，而每生产 $1m^3$ 氢气需要消耗电 $5.1 \sim 5.2kWh$，即便按弃风弃光发电价格 0.25/kWh 元计算，绿氢制氢仅电的成本就为 1.25 元，没有竞争优势。第二、储运困难，大规模运输氢气是不经济的。现在常用的氢气运输方式有三种：一是管道运输，多为现场制气，氢气产出后直接投入工业应用装置。二是采用长管拖车。但一辆车仅能运输 4 000m³，约 0.36t，运输效率非常低。三是用储氢瓶运输，但这种方法的运量较小。需求氢气的石化企业大都在沿海，而可再生能源制氢的源头可能在内陆，运输方式的选择成为关键。第三个问题是氢气的消纳能力不足。在应用方面，氢气主要是用于燃料电池上，但我国在氢燃料电池等领域的应用仍不够广泛。

考虑到河北省自身情况以及各类制氢技术的特点，可以预测河北省氢能制取市场将呈现以下趋势：在河北省氢能制取产业发展第一阶段，绿氢技术有待完善，成本较高，化石能源重整制氢与工业副产气制氢因成本较低，且接近消费市场，将成为有效供氢主体。在发展第二阶段，绿氢制取技术得到发展，风电、光伏市场趋于成熟，电解水制氢技术将取得快速发展，逐步取代成本低但污染大的灰氢制取。绿氢制取技术取得进一步发展，但由于河北省工业市场的转型，焦炭、化工等产业比例减小，工业副产氢将有所下降。此时氢能制取市场上，将以蓝氢、绿氢为主体部分。在发展第三阶段，绿氢技术将取得巨大进步，河北省能源市场也由传统化石能源为主体转变为风电、光伏等清洁能源为主体，此时绿氢将在氢能制取上处于主体地位，蓝氢作为补充，而灰氢制取将被彻底取代。

6.2.2 储运环节

储氢技术作为氢气生产到使用之间的桥梁，指的是将氢气以稳定形式存储起来，方便使用的技术。而氢气又具备性能活泼、稳定性差、易燃的特点，因此氢气的存储和运输难度较大，这就要求储氢技术满足安全、高效、体积小、重量轻、成本低、密度高的要求。现阶段，储氢方式主要有气态储氢、液态储氢、固态储氢三种。

气态储氢采用高压气瓶为储氢容器，通过高压压缩方式储存气态氢。高压气态储氢又分为现场固定式储氢、运输用高压储氢等方式。固定式储氢主要用于制氢站、加氢站等固定场所的氢气储存；运输用高压储氢设备主要用于将氢气由产地运往使用地或加氢站，早期多采用长管拖车来运输，其由数个旋压收口成型的高压气瓶组成，氢气压力多在 20 ～ 25MPa 之间，单车运输氢气量一般不超过 400kg。近年来为提高运氢量，将气瓶工作压力进一步提高到 30 ～ 45MPa，单车运氢量可提升至 700kg。气态储氢具有成本较低、能耗低、易脱氢和工作条件较宽等特点，是发展最成熟、最常用的储氢技术。

低温液态储氢是将氢气液化后储存在低温绝热容器中进行运输。由于氢气在 –253℃下密度是标况下氢气密度的近 850 倍，即使将氢气压缩到 35MPa 和 70MPa，其单位体积的储存量也远小于液态储存。因此，单从储能密度上看，低温液态储氢是一种十分理想的储氢方式。但由于液氢的沸点极低，与环境温差极大，因此液氢的储存容器的绝热要求很高，现阶段多用于航天行业。

固态储氢方式是通过化学或物理吸附的原理将氢气吸附后储存。储氢载体一般是纳米材料和金属氢化物。目前各种固态储氢装置基本都是圆柱形的罐体，材质多选用不锈钢或铝合金，在充/放氢过程中罐体仅需要保证能承受充/放氢时的膨胀压力即可，相对于高压气态储氢，大大降低了设备造价。不同的固态储氢材料，其放氢温度有所差异，大部分设备都设置了换热回路，以满足各自储氢材料的放氢需要。虽然固态储氢技术储氢密度高、操作方便，但是依然存在着生产成本高、放氢温度高和脱氢速率慢的缺点。总体来讲现阶段关于高密度固态储氢的研究大多还停留在科研层面。

河北省目前已经具备了一定的储氢技术基础，中集安瑞科、中船集团、保定长城汽车等企业也加大了储氢、运氢、加氢等领域的研发，提高了氢能技术水平。河北安瑞科公司在高压长管拖车市场上的占有率已经是全球第一，在低温液体运输半挂车、中压液氢运输半挂车市场，该公司的市场占有率也做到了全国首位。

6.2.3 氢气运输

在氢气运输方面，目前主要以长管拖车运输、管道运输和液态槽车运输三种方式为主。

1. 长管拖车运输

长管拖车由车头和拖车组成，长管拖车到达加氢站后，一般可以将拖车和车头分离，将氢气以高压气态的形式存储在拖车的长管中进行运输。目前，高压气态储氢技术成熟，应用广泛，车用储氢容器承压已从 35MPa 提升到 70MPa，但由于对安全性要求高，存在运输效率低、成本高的缺陷。因此，长管拖车运输适用于距离近、需求量低的场景，它是加氢站的主要运输方式。

2. 管道运输

该方式以高压气态或液态氢的管道运输为主。为降低成本，目前主要通过现有天然气等管道，以"渗氢"和"氢油同运"的方式实现长距离、大规模的氢气输送。该方法能够有效降低氢气运输成本，但前期设施投资大、建设难度较高，适合点对点、长距离、大规模的氢气运输。现阶段，国内正在推进渗氢天然气管道、存氢管道的建设。

3. 液氢槽车运输

该方式主要用于液态氢运输，相比于长管拖车运输，液氢密度高，运输效率能达到长管拖车的 10 倍以上，综合成本降低。但是液态储氢也增加了对设备、工艺的要求。该方式在国外应用广泛，但在国内应用程度有限，目前主要应用于航天和军事领域，较少应用于民用领域。

河北省氢气储运仍处于探索阶段，对于短距离的运输以气态运输为主，长距离辅以长管拖车、液态运输等方式，在氢能发展初期阶段，长管拖车运输是目前较为经济的方案，适用于现阶段氢能产业的规模。但随着氢能产业的发展，未来对于绿氢需求扩大，应在清洁能源密集地区，积极发展管道运输。同时，由于氢能产业分布不均匀，在将来加氢站大规模推行后，近距离的氢气运输也是需要解决的问题，有必要发展运输效率高的液态槽车运输技术。

6.2.4　应用环节

氢能作为一种清洁高效、可再生的二次能源，具有资源丰富、来源广泛、燃烧热值高、产物清洁无污染和利用形式多样等优点，是低碳清洁发展过程中最为理想的能源。氢能应用环节作为氢能产业链的终端，在加氢站、燃料电池、电力调峰、储能、绿色化工、绿色钢铁等领域具有广泛的应用前景，是未来构建以清洁能源为主的多元能源供给系统的重要载体。

1. 加氢站的建设

根据氢气来源的不同，加氢站可分为站外制氢加氢站和站内制氢加氢站两种。站外制氢加氢站氢气运输成本高，但不受地域限制，可系统运营，目前占据主导地位。站内加氢站可以省去大量的运输费用，但由于安全及氢能产量等因素限制，多存在于工业园区。根据加氢站内氢气储存相态不同，加氢站可分为气氢加氢站和液氢加氢站两种，液态加氢站氢气储存量大、占地面积小，但加氢速度慢，气态加氢站氢气来源广，技术较为成熟，是我国加氢站主要存在形式。根据供氢压力等级的不同，加氢站可分为 35MPa 和 70MPa 压力供氢两种。

加氢站作为氢能应用的配套环节，氢能汽车的推广以及国家相关补贴政策都对加氢站的投资起到促进作用，但目前加氢站建设成本较高，运营成本相对传统加油站较高，利润空间较低，实现企业的商业化运营还存在困难。根据《河北省氢能产业发展"十四五"规划》，到 2022 年，计划建成加氢站 25 座，到 2025 年，河北省加氢站达到 100 座。河北省正处于氢能产业探索阶段，目前加氢站数量较少，随着技术的进步，以及氢能市场的发展，加氢站的发展也是大势所趋。河北省的加氢站数量和分布要根据氢能上下端产业配合发展，过快会造成资源浪费，成本提高，过慢则阻滞下端氢能汽车等终端应用的发展速度。

2. 交通领域 – 氢燃料电池汽车

交通领域碳减排是我国"双碳"目标下重点关注的问题，解决思路之一就是发展氢燃料电池汽车。氢燃料电池是将氢气和氧气的化学能直接转换成电能的发电装置。其不同于传统内燃机，具备零污染、零排放、高效率、续航里程长、加氢时间短、低温启动性好等优点，被公认为 21 世纪最有潜力的新能源清洁动力汽车，特别是能够弥补我国纯电动汽车的不足，是我国新能源汽车"三纵三横"研究布局的重要环节。推动氢能及燃料电池技术在交通领域示范应用，有助于减少交通运输领域石油和天然气消费总量，降低能源对外依存度。

在氢能燃料电池应用上，目前主要有碱性燃料电池、磷酸燃料电池、固体氧化物燃料电池、熔融碳酸盐燃料电池和质子交换膜燃料电池等五大类。其中，质子交换膜燃料电池由于其工作温度低、启动快、比功率高等优点，非常适合应用于交通和固定式电源领域，逐步成为现阶段国内外燃料电池的主流技术。

从成本角度看，在氢燃料电池汽车制造上，电池系统占整车成本的 50% 以上，而目前氢燃料电池的成本仍然较高，这成为影响氢燃料电池汽车发展的主要原因。造成氢燃料电池成本高的原因有两点：一是氢燃料电池结构比较特殊，二是电池的制造材料价格昂贵。从技术角度看，氢燃料电池制造产业属于技术密集型产业，技术壁垒高，中国氢燃料电池市场正处于技术验证与用户认可阶段，将随着技术的进步逐渐步入降本增效与市场导入阶段，并最终进入大规模商业化阶段。

对于河北省来说，在燃料电池汽车环节起步较早，具备一定的产业基础和技术条件，保定长城、张家口亿华通、唐山东方氢能、定州长安、福田欧辉、张家口聚通科技、金士顿等重点燃料电池、空压机、发动机和整车研发生产项目相继落地，目前已有样车下线。长城汽车大功率燃料电池系统及电堆、高性能膜电极、双极板、引射器、空压机等关键零部件技术已取得突破，产品性能已达国际领先水平。金士顿空气压缩机和氢气循环系统生产技术处于国内领先水平。为推进氢燃料的利用，河北省积极进行氢燃料汽车的应用研究，2021年，京津冀氢燃料电池汽车示范城市群建设获得批准，河北省保定市和唐山市处于该城市群中。2022年，河北燃料电池汽车示范城市群获得批准，这一示范城市群是由张家口市牵头，还包括唐山、保定、邯郸、秦皇岛、定州、辛集、雄安新区以及河北省外的6个地区组成。

3. 电网调峰用能

固体氧化物燃料电池具有燃料适应性广、能量转换效率高、全固态、模块化组装、零污染等优点，常用于集中供电和分布式供电领域，作为固定电站电力调峰、储能手段。在大容量、长周期储能系统中，氢储能更具竞争力。氢储能被认为是当前一种新兴的储能方式，该技术对智能电网构建以及规模化可再生能源发电意义重大，利用氢储能，可有效解决风电、光伏等清洁能源的消纳与波动性问题。

4. 绿色钢铁

钢铁生产是温室气体及其他污染物排放的一个主要来源，在钢材需求加大以及低碳减排的双重压力下，传统钢铁企业需要转型升级，利用氢气替代一氧化碳做还原剂，冶金过程还原产物为水，将实现二氧化碳零排放，炼铁过程绿色无污染，是实现钢铁生产过程节能减排的最佳方案之一。目前氢气炼钢已经被应用到成熟的工业生产方案中，主要的方案设计有两种：部分使用氢气和完全使用氢气。在部分使用氢气的设计方案中，氢气占到还原剂的

80%，其余气体原料为天然气，仍会有少量碳排放，但相对于传统炼钢方式也极大地减少了碳排放量。2020年11月，河钢120万t氢冶金示范性工程项目，生产1t直接还原铁仅产生250kg二氧化碳的指标。河北省作为中国钢铁大省，粗钢产量已连续多年居全国第一。氢能绿色钢铁无疑前景巨大，是河北省钢铁企业转型的重要方向。但现阶段，仍存在以下不足：第一，转型成本高，氢能绿色钢铁冶金设备的建造成本巨大。第二，技术不成熟，氢能冶金处于实验试点阶段，技术仍不成熟，存在技术替代的风险。第三，氢能成本高，按照中国目前氢能市场价格，采用氢能炼铁工艺成本比传统高炉冶炼工艺至少高5倍以上。第四，氢能存储要求高、难度大，在技艺不成熟时安全性低。但在"双碳"目标背景下，氢能绿色钢铁前景广阔，作为钢铁大省，必须予以重视。

5. 绿色化工

河北省氢能产业处于发展初期，受限于技术和产业规模，氢能消费仍集中在石油化工、钢铁冶金等工业原料领域，在化工领域，氢气主要是作为化工合成的中间产品和原料。多应用于以下几个方面：一是在合成氨工业中的应用，我国工业制氢50%～60%用在了合成氨工业，理论上生产1t合成氨需要1 976m³的氢气。二是用于石油化工中，如加氢精制、加氢裂化等。还会用于煤化工、精细化工中。在碳达峰、碳中和背景下，化工行业也面临较为严峻的碳减排压力。目前，化工行业使用的氢主要是采用化石燃料制氢或工业副产制氢，未来，根据低碳减排的要求，应逐步对河北省化工产业进行绿色改造，用绿氢逐步替代灰氢、蓝氢，实现绿色化工。氢能应用特点见表6-4。

表6-4		氢能应用特点			
应用领域	加氢站	氢能燃料电池	电力调峰、储能	绿色钢铁	绿色化工
应用形式	可分为外供氢加氢站和站内制氢加氢站	质子交换膜燃料电池与固体氧化物燃料电池等	清洁能源制氢固定式发电与便携式发电等	代替焦炭作为还原剂，不产生二氧化碳	作为石油炼化、合成氨、甲醇等原料

应用领域	加氢站	氢能燃料电池	电力调峰、储能	绿色钢铁	绿色化工
优点	灵活连接氢能与应用环节,使用方便	质子交换膜:工作温度低、启动快、比功率高。固体氧化物:燃料适应性广、能量转换效率高、全固态、模块化组装、零污染等优点	固定式发电:发电效率高、环境友好、稳定可靠。便携式发电:体积小、质量轻,噪音低	无污染、无碳排放、热值高	无污染、还原度高,效率高
瓶颈	成本高、投资回报期长、加氢站涉及的审批环节多	成本高、关键材料与核心部件稀少	成本高、性价比低	转型成本高,易爆炸	行业基础设施转型成本高
现状	试点安装阶段	技术试验阶段	探索开发阶段	试验试点阶段	试验试点阶段

6.3 河北省氢能产业耦合协调度分析

本节将河北省氢能产业发展阶段分成灰氢阶段、过渡阶段、绿氢阶段,通过对氢能产业面临的资源条件、产业基础和市场需求之间的耦合协调度分析,研究河北省 11 个行政区在各个阶段氢能产业的发展状况。

6.3.1 河北省氢能产业发展的耦合协调度评价指标体系

氢能资源、产业基础和市场需求潜力匹配实质上是氢能资源合理充分开发、产业发展状态能满足用户绿色用能需求的一种动态平衡。根据科学性、系统性与可操作性的原则,结合氢能"资源条件—产业基础—市场需求"匹配作用机理,从资源、产业和需求三个角度,构建出河北省氢能产业耦合协调度评价指标体系,见表 6-5。

表 6-5　　　　　　　河北省氢能产业耦合协调度评价指标体系

目标层	准则层	指标层		
		灰氢阶段	过渡阶段	绿氢阶段
氢能产业发展耦合协调度	资源条件	灰氢禀赋 R&D 资源投入	风能禀赋 光伏禀赋 生物质能储量 灰氢禀赋 蓝氢禀赋 R&D 资源投入	风能禀赋 光伏禀赋 生物质能储量 R&D 资源投入
	产业基础	制氢产业发展 储运氢产业发展 应用氢产业发展 科研专利数 氢能产业链产值目标	制氢产业发展 储运氢产业发展 应用氢产业发展 科研专利数 氢能产业链产值目标 风电装机量 光伏装机量 其他清洁能源装机量	制氢产业发展 储运氢产业发展 应用氢产业发展 科研专利数 氢能产业链产值目标 风电装机量 光伏装机量 其他清洁能源装机量
	需求潜力	加氢站氢能需求量 氢能汽车潜在氢能需求量 氢储能需求量 工业氢需求量 地区 GDP 能耗强度 优良天数	加氢站氢能需求量 氢能汽车潜在氢能需求量 氢储能需求量 工业氢需求量 地区 GDP 能耗强度 优良大数	加氢站氢能需求量 氢能汽车潜在氢能需求量 氢储能需求量 工业氢需求量 地区 GDP 能耗强度 优良天数

6.3.2　实证分析

综合评价指数可反映不同区域的氢能产业发展的综合差异，而耦合度和协调度是对子系统相互关系及其密切程度衡量的指标，如二者耦合关系较高，但协调关系较差，导致的结果可能是二者越发展，协调程度越差；同样，如二者耦合关系较高，协调关系也较好，则说明二者越发展，则协调程度越好。具体的计算过程如本书第 4 章所示。

为了更好地分析河北省氢能产业发展中资源条件、产业基础与市场需求潜力之间的耦合协调性，本节按照河北省氢能产业发展的三个阶段，分别计算出资源、产业和需求三个维度的加权评价综合指数。河北省氢能资源条件、产业基础和需求潜力评分如图6-1所示。

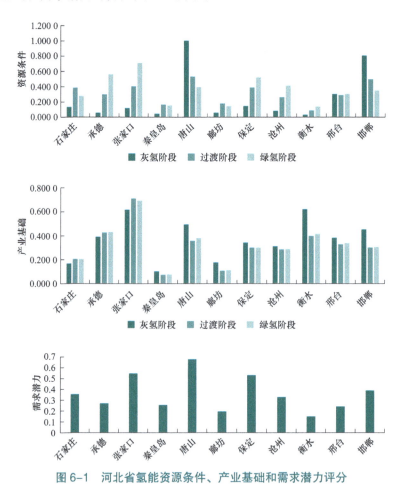

图6-1 河北省氢能资源条件、产业基础和需求潜力评分

通过图6-1可看出，在灰氢阶段，资源条件评分最高的是唐山，这与其工业比较发达密切相关，而到绿氢阶段，资源条件评分最高的地区转移到可再生能源丰富的张家口。这是由于在灰氢阶段，氢能产量主要以灰氢以及工业副产氢为主，依赖于重工业的发展，而在绿氢阶段，氢能产量以清洁能源发电电解水制氢为主，其主要依赖风电、光伏等可再生能源的发展。在产业基础方面，灰氢阶段综合评分最高的仍然是工业发达的唐山，而在绿氢阶段，

综合评分最高的城市逐步转移到张家口。这是由于随着绿氢产业的发展，氢能产业配套措施逐步完善，使得绿氢阶段产业主要集中在张家口、承德等可再生能源丰富的地区及工业较发达地区。从市场需求潜力维度看，综合评分最高的是唐山，这是由于目前氢能主要应用于工业，工业发达地区综合评分较高。而在未来发展中，氢能应用不仅局限于工业上，还将用在燃料电池及储能等方面，所以综合评分较高的城市仍会集中在经济发达的地区以及清洁能源产业链完善的地区。

为了更好地对河北省氢能产业发展情况进行分析，应用式（4-3），计算资源条件与产业基础、资源条件与需求潜力、产业基础与需求潜力之间的耦合协调度，分析结果如下。

1. 资源条件与产业基础

计算河北省氢能产业在灰氢阶段、过渡阶段、绿氢阶段的资源条件与产业基础耦合协调度，根据已有的研究，将耦合协调度从低到高划分为 4 个等级：协调度低（0 ～ 0.35），协调度较低（0.35 ～ 0.45），协调度中等（0.45 ～ 0.65），协调度高（0.65 ～ 1.00），河北省氢能产业资源条件与产业基础耦合协调度结果见表 6-6。

表 6-6　　　河北省氢能产业资源条件与产业基础耦合协调度结果

行政区	灰氢阶段			过渡阶段			绿氢阶段		
	H 值	协调等级	耦合协调程度	H 值	协调等级	耦合协调程度	H 值	协调等级	耦合协调程度
石家庄	0.352	2	较低	0.530	3	中等	0.488	3	中等
承德市	0.390	2	较低	0.597	3	中等	0.702	4	高
张家口	0.519	3	中等	0.733	4	高	0.838	4	高
秦皇岛	0.258	1	低	0.332	2	较低	0.329	1	低
唐山市	0.838	4	高	0.661	4	高	0.622	3	中等
廊坊市	0.316	1	低	0.372	2	较低	0.357	2	较低
保定市	0.473	2	较低	0.585	3	中等	0.629	3	中等
沧州市	0.399	2	较低	0.523	3	中等	0.588	3	中等

续表

行政区	灰氢阶段			过渡阶段			绿氢阶段		
	H 值	协调 等级	耦合协 调程度	H 值	协调 等级	耦合协 调程度	H 值	协调 等级	耦合协 调程度
衡水市	0.374	2	较低	0.433	2	较低	0.488	3	中等
邢台市	0.583	3	中等	0.557	3	中等	0.567	3	中等
邯郸市	0.777	4	高	0.622	3	中等	0.571	3	中等

由计算结果可知，在灰氢阶段，河北省资源条件与产业基础之间的耦合度水平较高，其平均值大于0.8，到绿氢阶段，河北省资源条件与产业基础高水平耦合城市越来越多，说明两个子系统间的依赖关系随着氢能产业的发展越来越紧密。在灰氢阶段，工业发展水平较高的唐山和邯郸在资源与产业发展方面具有较高协调度，随着绿氢的发展，可再生能源丰富的地区氢能产业发展规模扩大，这些地区资源条件与产业基础之间的协调度逐渐提高。到绿氢阶段，张家口、承德已经成为协调度高的地区。

2. 资源条件与需求潜力

河北省氢能产业资源条件与需求潜力耦合协调度结果见表6-7。

表 6-7　　　　河北省氢能产业资源条件与需求潜力耦合协调度结果

行政区	灰氢阶段			过渡阶段			绿氢阶段		
	H 值	协调 等级	耦合协 调程度	H 值	协调 等级	耦合协 调程度	H 值	协调 等级	耦合协 调程度
石家庄	0.425	2	较低	0.609	3	中等	0.558	3	中等
承德市	0.355	2	较低	0.532	3	中等	0.626	3	中等
张家口	0.501	3	中等	0.685	4	高	0.792	4	高
秦皇岛	0.323	1	低	0.453	3	中等	0.447	2	较低
唐山市	0.908	4	高	0.774	4	高	0.715	4	高
廊坊市	0.325	1	低	0.433	2	较低	0.410	2	较低
保定市	0.526	3	中等	0.673	4	高	0.725	4	高

行政区	灰氢阶段			过渡阶段			绿氢阶段		
	H 值	协调等级	耦合协调程度	H 值	协调等级	耦合协调程度	H 值	协调等级	耦合协调程度
沧州市	0.404	2	较低	0.541	3	中等	0.607	3	中等
衡水市	0.262	1	低	0.339	1	低	0.379	2	较低
邢台市	0.519	3	中等	0.514	3	中等	0.520	3	中等
邯郸市	0.749	4	高	0.663	4	高	0.606	3	中等

无论发展灰氢还是绿氢，河北省各地区的氢能资源条件与市场需求之间都存在较强的依赖性，但二者之间的协调度各地区存在差异，灰氢阶段，协调度最高的是唐山。从耦合度的发展趋势看，在绿氢阶段有些地区有所下降，这是随着氢能产业链的不断完善，例如氢能储运技术的不断提升，使得需求侧对于资源侧的依赖程度不断降低，而且随着产业链的完善和技术水平的提高，区域间的耦合度水平差异也不断减小。由表6-7的计算结果可知，河北省各地区发展氢能产业面临的资源条件与市场需求潜力之间的耦合协调度逐渐提高。随着氢能产业发展，耦合协调度高的城市由工业发达地区转移至清洁能源资源禀赋高以及经济发达的城市。灰氢阶段，唐山和邯郸凭借其资源禀赋条件和发达的工业优势，使得资源条件与需求潜力之间的耦合协调度处于高水平。过渡阶段，氢能的应用场景不断增加，各城市在这两个维度的耦合协调度评分均有所提高。在绿氢阶段，张家口、保定、唐山的耦合协调度处于高水平阶段。这是由于张家口地区风能、太阳能等可再生资源禀赋高，有大量的绿电供给需求侧使用。同时，张家口氢能应用起步早，应用场景广泛，例如采用氢燃料电池为场馆供电、采用氢能巴士等公共交通工具，以及推广氢能供暖系统等应用，使清洁能源的发电消纳率提升，氢能供给与需求联系紧密。唐山和保定的可再生资源禀赋条件和经济发展水平较高，R&D资源投入水平较高，公共交通、建筑、储能等氢能的应用发展良好，使氢能资源与需求的匹配度提高。

3. 产业基础和需求潜力

河北省氢能产业基础与需求潜力耦合协调度结果见表6-8。

表 6-8 　　　　　河北省氢能产业基础和需求潜力耦合协调度结果

行政区	灰氢阶段			过渡阶段			绿氢阶段		
	H 值	协调等级	耦合协调程度	H 值	协调等级	耦合协调程度	H 值	协调等级	耦合协调程度
石家庄	0.492	3	中等	0.519	3	中等	0.558	3	中等
承德市	0.570	3	中等	0.582	3	中等	0.626	3	中等
张家口	0.758	4	高	0.787	4	高	0.792	4	高
秦皇岛	0.402	2	较低	0.369	2	较低	0.447	2	较低
唐山市	0.761	4	高	0.702	4	高	0.715	4	高
廊坊市	0.430	2	较低	0.381	2	较低	0.410	2	较低
保定市	0.651	4	高	0.631	3	中等	0.725	4	高
沧州市	0.566	3	中等	0.554	3	中等	0.607	3	中等
衡水市	0.553	3	中等	0.495	3	中等	0.379	2	较低
邢台市	0.551	3	中等	0.530	3	中等	0.520	3	中等
邯郸市	0.648	3	中等	0.585	3	中等	0.606	3	中等

河北省氢能产业基础和需求潜力之间的耦合度整体呈上升趋势,到达一定程度后一直维持在高耦合水平,且区域间耦合度差异越来越小,说明产业基础和市场需求之间的依赖程度较大。由表6-8分析可知,河北省氢能产业发展基础与市场需求之间的耦合协调程度相对于其余两个维度来说更均衡。其耦合协调度高的城市集中于经济发达、清洁能源资源禀赋高的城市,全省初步呈现"中间高两侧低"的区域发展特征。灰氢阶段和绿氢阶段,张家口、唐山、保定的耦合协调度位居河北省前三。张家口在冬奥会的机遇下,建设了氢能产业园区,引进了氢能应用项目,氢能基础设施建设相对完善,吸引了氢能产业链中其他环节的企业落户,使得产业发展状况与市场需求潜力之间的耦合协调度处于高水平,但尚未与其清洁能源发电能力相匹配。随着氢能技术的进步与发展,氢能产业链趋于完善,用氢需求进一步增长,使得耦

合协调度将进一步提升。唐山在氢能产业发展状况与市场需求潜力之间的协调程度也是处于高水平阶段，这是由于唐山地区钢铁产业发达，经济增长速度位居河北省榜首，且清洁能源资源丰富，所以，无论是发展灰氢还是绿氢，唐山都具备较好的条件，这为氢能产业发展奠定了基础，随着氢能技术的发展和政府招商引资，大量的氢能产业项目落地唐山。从氢能需求角度来分析，唐山钢铁企业推动地区经济快速增长的同时，节能低碳需求提升了工业企业的用氢需求。此外，唐山依托港口资源优势，在沿海港口推进氢能的应用，这都使得该地区的用氢需求增加。保定氢能产业的发展基础与市场需求之间也处于较高协调状态，这是因为保定依托较丰富的可再生能源资源，大力发展氢能生产，增加了氢能领域研发投入，同时拓展氢能应用场景，目前已具备推进燃料电池汽车产业发展的基础和条件。

4. 资源条件、产业基础与需求潜力

在对两维度协调分析的基础上，进一步从资源条件、产业基础与需求潜力三个维度进行分析，计算河北省各地区氢能产业发展的耦合度，河北省氢能资源条件、产业基础与需求潜力三个维度之间的耦合度整体水平较高，区域差异逐渐缩小，灰氢阶段，耦合度大于0.9的城市有3个，绿氢阶段达到9个。

利用式（4-2）计算氢能资源条件、产业基础与需求潜力耦合协调度，结果见表6-9。

表 6-9　氢能资源条件、产业基础与需求潜力耦合协调度结果

行政区	灰氢阶段			过渡阶段			绿氢阶段		
	H 值	协调等级	耦合协调程度	H 值	协调等级	耦合协调程度	H 值	协调等级	耦合协调程度
石家庄	0.419	2	较低	0.552	3	中等	0.520	3	中等
承德市	0.429	2	较低	0.570	3	中等	0.636	3	中等
张家口	0.582	3	中等	0.734	4	高	0.805	4	高
秦皇岛	0.323	1	低	0.382	2	较低	0.380	2	较低
唐山市	0.834	4	高	0.711	4	高	0.681	4	高

行政区	灰氢阶段			过渡阶段			绿氢阶段		
	H值	协调等级	耦合协调程度	H值	协调等级	耦合协调程度	H值	协调等级	耦合协调程度
廊坊市	0.354	2	较低	0.395	2	较低	0.383	2	较低
保定市	0.545	3	中等	0.628	3	中等	0.661	4	高
沧州市	0.450	3	中等	0.539	3	中等	0.582	3	中等
衡水市	0.378	2	较低	0.417	2	较低	0.453	3	中等
邢台市	0.550	3	中等	0.533	3	中等	0.540	3	中等
邯郸市	0.723	4	高	0.622	3	中等	0.588	3	中等

从三个维度分析,河北省氢能产业将重点集中于工业发达、可再生资源丰富、清洁能源产业发展良好的地区,根据氢能产业发展耦合协调度评分来看,唐山、邯郸、张家口、保定等城市位居河北省前列。

6.4 河北省氢能产业发展战略建议

6.4.1 加强氢能产业统筹规划,优化产业布局

作为一种零碳能源,氢能在能源转型和实现"双碳"目标的过程中将起到重要的作用,氢能产业也将是河北省未来产业的重点发展方向。通过对河北省各地区氢能产业面临的资源条件、产业基础和需求潜力之间的耦合协调度进行分析可知,河北省氢能产业发展战略的制定应该根据所处的发展阶段和各地区的特点采取不同的措施。

灰氢阶段是氢能产业发展的初步阶段,因为相对技术较成熟、成本较低,在氢能的推广上起到重要作用,河北省应充分发挥工业发达地区灰氢资源丰富的优势,在唐山、邯郸等地区扩大工业副产氢的开发和利用。而通过可再生能源生产绿氢是实现氢能规模化发展的最终途径,河北省各地区应结合本地区可再生能源资源状况,因地制宜地推动绿氢产业的发展,逐步减少和替代灰氢,

张家口、承德、唐山等地区可再生能源储量高且具备一定的产业基础，政府应在此类地区加大基础设施建设投入，加快加氢站等配套基础设施建设，建立综合能源示范区试点，探索创新应用场景，推进"氢能产业链一体化示范城市"建设，实现氢能制、储、用协调，构建绿氢网络化和规模化发展体系。

6.4.2　拓展氢能的应用领域

挖掘市场需求潜力是保障氢能产业健康持续发展的关键，现阶段，氢能的应用场景可以分为两类：一是作为能源的载体，应用形式为氢燃料电池，应用于公交、物流、环卫等领域。二是作为工业气体，应用于钢铁冶炼、石油炼化、半导体等领域。氢燃料电池可应用于各个行业，具有极大的市场潜力。河北省已经拥有长城、亿华通、东方氢能等部分国内先进企业，具备燃料电池汽车整车的生产能力。随着氢能技术的成熟，河北省应逐步扩大氢能在交通、建筑等领域的应用范围。氢能应用的另一个需要重点扩展的领域是电力系统储能，作为一种重要的能源载体，它具有容量大，储运方式灵活，对环境影响小等优势，可以有效地弥补其他储能方式的不足，能够与风电、光伏等新能源配合布局，对于平衡电网负荷、提高新能源利用效率具有重要意义。

6.4.3　完善氢能政策体系，充分发挥政策引导作用

氢能产业是一个新兴的产业，仍处于发展的初步阶段，技术还不成熟，管理体系还不完善。氢能产业在现阶段面临着前期建设投资大，运营成本高，产业链不健全，市场应用较小等一系列问题，为此需要加强政府在这一阶段对氢能产业的扶持，包括统筹布局，通过财政和税收的支持手段，从政策上引导企业在氢能产业链上的投资。由于氢能产业投资较大，对于企业面临的资金周转困难问题，为促进其发展，政府可以通过金融工具和政策的创新，推动相关金融业务流程优化，缓解氢能产业的融资压力，促进氢能项目的投资和推进产业链升级。在管理角度，明确各主体的管理责任，精简规范各类氢能产业投资项目的审批手续和流程；制定氢能产业各环节的安全标准和规范，在确保氢能安全生产、输送、使用的前提下，提高氢能各环节的运营效率。

第7章

河北省生物质发电产业发展战略分析

7.1 生物质能产业链

7.1.1 生物质能的含义与特点

生物质能是太阳能以化学能形式贮存在生物质中的能量形式,即以生物质为载体的能量。它直接或间接地来源于绿色植物的光合作用,可转化为常规的固态、液态和气态燃料,取之不尽、用之不竭,是一种可再生能源,同时也是唯一一种可再生的碳源。生物质能的原始能量来源于太阳,所以从广义上讲,生物质能是太阳能的一种表现形式,它蕴藏在植物、动物和微生物等可以生长的有机物中,由太阳能转化而来的。有机物中除矿物燃料以外的所有来源于动植物的能源物质均属于生物质能,通常包括木材、森林废弃物、农业废弃物、水生植物、油料植物、城市和工业有机废弃物等。

生物质能是人类最早利用的能源,也是目前除了煤炭、石油和天然气外消费总量处于第四位的能源。长期以来,人类对生物质能一直停留在低层次利用上,高效、低碳式的开发利用只是近年来的事情,因此,尽管生物质能利用时期很长,但仍被看作是一种新能源。这种新能源具有以下几方面特征:

1. 可再生性

生物质属于可再生资源。生物质能由于通过植物的光合作用可以再生,与风能、太阳能等同属于可再生能源,资源丰富,可保证能源的永续利用。

2. 低污染性

生物质的硫含量、氮含量低、燃烧过程中生成的 SO_x、NO_x 较少。生物质作为燃料时,由于它在生长时需要的二氧化碳相当于它排放的二氧化碳的量,因而对大气的二氧化碳净排放量近似于零，可有效地减轻温室效应。

3. 广泛分布性

由于生物质能的形式多样，各地区都存在某种形式的生物质能，因此，它具有分布广泛的特点，缺乏煤炭的地域，可充分利用生物质能。

4. 总量十分丰富

生物质能是世界第四大能源，仅次于煤炭、石油和天然气。根据生物学家估算，地球陆地每年生产 1 000 亿～1 250 亿 t 生物质，海洋每年生产 500 亿 t 生物质。生物质能源的年生产量远远超过全世界总能源需求量，相当于目前世界总能耗的 10 倍。我国作为农业大国，生物质资源十分丰富，各种农作物每年产生的秸秆，有约 4 亿 t 可作为能源利用，可作为能源利用的林木总量约为 3 亿 t，随着农林业的发展，农作物产量的提高，生物质资源还将越来越丰富。

7.1.2　生物质能产业链的含义

产业链是一个从一种或几种资源，通过若干产业层次不断向下游产业转移直至到达消费者的路径，生物质能产业链如图 7-1 所示。

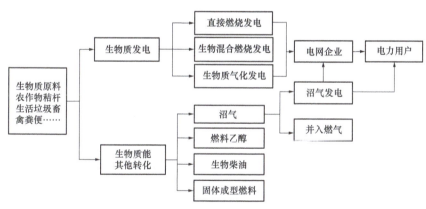

图 7-1　生物质能产业链

生物质能产业的上游是生物质原料以及生物质转化设备的生产。地球上的生物质能资源较为丰富，而且是一种无害的能源，据估计，地球每年经光合作用产生的物质有 1 730 亿～2 200 亿 t，但目前的利用率还不到 3%。适合于能源利用的生物质可依据来源的不同，分为林业资源、农业资源、生活污水和工业有机废水、城市固体废物和畜禽粪便等五大类。

（1）林业资源。林业生物质资源是指森林生长和林业生产过程提供的生物质能源，包括薪炭林、在森林抚育和间伐作业中的零散木材、残留的树枝、树叶和木屑；木材采运和加工过程中的枝丫、锯末、木屑、梢头、板皮和截头；林业副产品的废弃物，如果壳和果核等。

（2）农业资源。农业生物质能资源是指农业作物（包括能源作物）；农业生产过程中的废弃物，如农作物收获时残留在农田内的农作物秸秆（玉米秸、高粱秸、麦秸、稻草、豆秸和棉秆等），其中占比最高的是玉米秸秆，在我国约占农作物秸秆的 36.7%。从地理分布上看，我国农作物秸秆主要分布在河北、内蒙古、辽宁、吉林、黑龙江、江苏、河南、山东、湖北、湖南、江西、安徽、四川、云南等粮食主产区。2022 年全国各区域秸秆产量占比如图 7-2 所示，华北区秸秆产生量占比最大，2022 年在全国总产量中占到 27.18%。

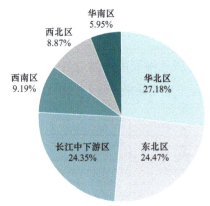

图 7-2 2022 年全国各区域秸秆产量占比

（3）城市固体废物。城市固体废物主要是由城镇居民生活垃圾，商业、服务业垃圾和少量建筑业垃圾等固体废物构成，其组成成分比较复杂，受当地居民的平均生活水平、能源消费结构的影响较大。

（4）生活污水和工业有机废水。生活污水和工业废水中含有有机物，所以也成为生物质能的来源之一，通过处理可以再次被循环利用。

（5）畜禽粪便。畜禽粪便是畜禽排泄物的总称，它是其他形态生物质（主要是粮食、农作物秸秆和牧草等）的转化形式，包括畜禽排出的粪便、尿及其与垫草的混合物。畜禽粪便主要来自畜禽养殖业，我国养殖业每年产生约 30 亿 t 畜禽粪便。

生物质能产业链的中游主要是发电，在当前技术水平下，生物质能发电可以分为直接燃烧发电、混合燃烧发电、气化发电、沼气发电等方式。

生物质直接燃烧发电是将生物质在锅炉中直接燃烧，用燃烧产生的蒸汽带动蒸汽轮机和发电机发电。生物质直接燃烧发电采用的关键技术涉及生物质原料预处理、锅炉防腐、锅炉的原料适用性及燃烧效率、蒸汽轮机效率等。燃烧方式可以分为固定床燃烧和流化床燃烧两种，相对于固定床燃烧，流化床燃烧对生物质燃料的要求比较高，需要将大块的生物质原料提前粉碎，但其燃烧效率和强度都比固定床高，它是生物质流态化燃烧的主要方式。

生物质混合燃烧发电技术是指生物质煤混合作为燃料发电。混合燃烧方式主要有两种：一是直接将生物质与煤混合，然后投入燃烧，由于该方式对燃料处理和燃烧设备要求较高，因而不是所有的燃煤发电厂都能采用；二是先将生物质原料进行气化，利用气化产生的燃气与煤混合燃烧。

生物质气化发电就是将生物质在气化炉中转化为气体燃料，由于转化出来的气体燃料都含有一定的杂质，包括灰分、焦炭和焦油等，需要净化除杂后再进入燃气机中燃烧发电或者直接进入燃料电池发电，以保证发电设备的正常运行。其中，燃气净化是气化发电的关键技术之一。生物质气化发电的种类很多，大致可以分为内燃机发电、燃气轮机发电、燃气蒸汽联合循环发电系统和燃料电池发电系统等。

沼气发电是利用工农业或城镇生活中的大量有机废弃物经厌氧发酵处理产生的沼气驱动发电机组发电。目前沼气发电的主要设备为由柴油机组或者天然气机组改造而成的内燃机。相比其他发电形式，沼气发电比较适用于中、小功率的发电动力设备。沼气发电的关键技术主要是高效厌氧发酵技术、沼气内燃机和沼液沼渣综合利用技术等。

在低碳发展的大背景下，我国生物质装机容量持续上升，从 2017 年的 795 万 kW 增长到 2022 年的 4 132 万 kW，其中占比较大的两类是生活垃圾焚烧发电和农林生物质发电，2022 年累计装机分别达到 2 386 万 kW 和 1 623 万 kW。生物质能发展较快的地区主要集中于农林资源丰富的地区，目前装机容量排名在前五的省份是广东、山东、江苏、浙江和黑龙江，装机容量分别是 422、411、297、284 万 kW 和 259 万 kW。

生物质能产业的下游是对生物质能的利用，可以分为生物质能电能利用和非电能利用，随着我国生物质能发电装机容量的增加，发电量也持续增长。2022 年，我国生物质能上网电量为 1 824 亿 kWh，相当于替代煤电消耗5 485t 标准煤，生物质能的非电利用规模达到 1 686 万 t 标准煤，占生物质利用规模总量的 26.8%。

7.2 河北省生物质发电产业发展现状及环境分析

7.2.1 河北省生物质发电产业发展现状

生物质发电是利用生物质的最主要形式，河北省生物质发电主要采用垃圾焚烧发电、秸秆和林木质发电以及沼气发电。在各项政策和规划的推动下，生物质发电产业经过了快速的增长阶段，到 2021 年底各类生物质发电装机容量约为 210 万 kW，处于全国第 9 位，年发电量 67 亿 kWh。河北省生物质发电装机容量见表 7-1。

表 7-1　　　　　　河北省生物质发电装机容量（单位：万 kW）

年份	总装机容量	沼气发电	垃圾焚烧发电	秸秆、蔗渣、林木质发电
2019	88	0.7	34	53
2020	115	2	46	67
2021	210	2	137	71

河北省生物质能产业规模近年来呈现增长趋势，但增长结构并不均衡，垃圾焚烧发电量增长速度较快。从 2018 年至 2022 年的五年时间里，发电量从 9.4 亿 kWh 增长到 41.4 亿 kWh，秸秆等农作物残余发电量变化较小，有些年份甚至出现下降，沼气发电规模较小，仅占生物质发电装机的 1%，垃圾发电装机容量已经占生物质发电装机总容量的 65%。

随着"双碳"目标的实施，生物质发电产业也迎来重大机遇，市场潜力增加，但生物质发电产业由于自身特点和外部环境的影响，也面临许多挑战。

7.2.2　河北省生物质能发电产业面临的有利因素

1. 生物质能源化利用可以产生较大的综合效益

生物质发电是对秸秆、垃圾等农业剩余物或生产生活废弃物的再利用，它具有可再生、对环境影响小等特点，秸秆发电可以减少直接在农田焚烧带来的环境污染，而垃圾发电可以解决逐年增长的城乡垃圾问题。而且，发展生物质发电，有利于优化能源结构，保障能源可持续发展，对于促进"双碳"目标的实现具有积极作用。而生物质发电产业的本土化特点，可以带动地区相关产业，促进就业，因此，对生物质进行高效的能源化利用将产生较大的综合效益。

2. 生物质发电资源比较丰富

生物质发电资源主要是农林废弃物、建筑有机垃圾和生活垃圾等，河北省是北方主要的农业大省，2000—2021 年河北省粮食产量如图 7-3 所示，近年来该省农产品产量不断上涨。目前河北省农作物总播种面积 8 113.99 千 hm²，粮食总产量达到 3 865.05 万 t。

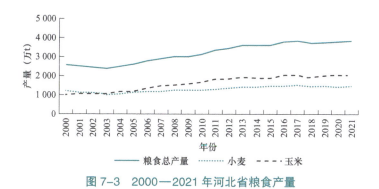

图 7-3　2000—2021 年河北省粮食产量

农业的发展也产生了丰富的农作物秸秆资源，包括玉米秸秆、玉米芯、小麦秸秆及少量的高粱、稻谷、豆类等秸秆，据统计，全省农作物秸秆资源可收集资源量能够达到 5 841.9 万 t。生物质资源中潜力较大的还有林木枝条，其产量和林地面积成正比，随着能源林地面积的增长，可利用来发电的林木资源呈增长趋势，目前河北省林业用地面积约为 775.64 万 hm²，这为河北省利用秸秆、林木质发电提供了资源基础。

生物质发电的另一种主要形式是垃圾发电，作为垃圾发电的主要原料，城镇生活垃圾的处理需求也逐年增加,河北省城市生活垃圾清运量如图 7-4 所示,河北省近十年城市生活垃圾清运量增长了 36.5%。

3. "双碳"目标为生物质能产业的发展提供了机遇

"双碳"目标的提出推动了我国能源系统低碳转型的步伐,为此,国家和各省市都制定了相关的规划和激励措施。在国务院发布的《关于完整准确全面贯彻新发展理念做好碳达峰碳中和工作的意见》中,提出到 2030 年非化石能源消费比重达到 25% 左右;《2030 年前碳达峰行动方案的通知》又提出了 2025 年达到 20% 左右的目标,这些规划给生物质产业的发展带来了机遇。在碳达峰行动方案中,明确指出要因地制宜发展生物质发电、生物质能清洁供暖和生物天然气。住房城乡建设部和国家发展改革委发布的《城乡建设领域碳达峰实施方案》中,提出要优化城市建设用能结构,因地制宜地利用生物质;农业农村部、国家发展改革委发布的《农业农村减排固碳实施方案》中,提出要推进秸秆能源化利用;同年科技部等九部门印发的《科技支撑碳达峰碳中和实施方案(2022—2030 年)》也将生物质发电技术作为研发的重点内容。

图 7-4　河北省城市生活垃圾清运量

为有效推动"双碳"目标的实施,在国家层面的激励政策基础上,河北省也出台了一系列规划和措施,在《河北省可再生能源发展"十四五"规划》《河北省加快推进新能源产业高质量发展的若干措施》等文件中,都提出要优化生物质发电布局,有序发展农林生物质发电,因地制宜加快生物质发电向热电联产转型升级;《河北省秸秆综合利用实施方案(2021—2023 年)》《河北省"十四五"大宗固体废弃物综合利用实施方案》强调要增加秸秆能源化利用,支持发展沼气和生物天然气,积极推进秸秆生物质发电,优化农村能源结构。在《关于印发河北省"十四五"秸秆综合利用实施方案》中提出充分挖掘现有生物质发电厂潜力，提高秸秆发电能力，争取到 2025 年，全省秸秆能源化利用占比达到 11.75% 以上。2022 年发布的《河北省碳达峰实施方案》中提出要在粮食主产区和林业发达地区有序推动生物质热电联产项目建设；《河北省城乡建设领域碳达峰实施方案》设定了 2030 年前城市生活垃圾资源化利用比例达到 65% 以上的目标，提出要加强垃圾焚烧发电设施智能化运行管理，并在农村推进生物质取暖的应用。"双碳"目标下的能源转型需求为生物质产业的发展带来了巨大的市场，国家和地方的相关政策为该产业的发展提供了保障。

7.2.3　河北省生物质发电产业面临的问题

1. 原料供给存在不稳定性

河北省生物质发电形式主要是农林生物质发电和垃圾发电。根据河北省的资源特点，农林生物质发电的原料主要是农作物秸秆，河北省秸秆年产量较大，且总体呈现增长趋势，但秸秆的产量会受到季节、气候等因素的影响，存在不稳定性。另外，秸秆可利用形式多样，包括肥料化、饲料化、能源化等，还可以作为建筑板材和工业造纸的原料。秸秆的多元化利用将引起对原料的竞争，目前用于能源化利用的秸秆比重还不高，2019 年河北省用于能源化的秸秆所占比重仅占 5.75%，尽管近两年这一比重有所提升，且根据河北省对秸秆综合利用的规划，预计到 2025 年，这一比重能提高到 11.75%，但竞争的存在仍会对秸秆发电的能源供应造成风险。另外，目前秸秆的回收、加工、运输和储存产业链还不够完善，秸秆的离田利用率有待提高。

垃圾发电同样也存在原料问题，近年来河北省新建了多家垃圾发电厂，到 2022 年上网的有 65 家，2023 年增长到 70 家，垃圾处理量增加 24.3%。河北省各地区年垃圾处理量与发电装机容量如图 7-5 所示。垃圾焚烧发电产业的快速发展一方面增加了能源供应，有助于能源结构的优化，另一方面可以解决垃圾填埋和环境污染问题，但如果项目选址集中，涵盖的垃圾处理区域与发电项目容量不匹配，可能造成原料供应不足，对生物质发电产业的持续发展将带来严重的影响。

2. 生物质发电成本仍然较高

生物质发电成本包括建设成本和运营成本，与煤电项目相比，生物质发电单位 kW 造价较高,目前在 1 万元以上,原料成本较高也是造成生物质发电成本高的重要原因。以秸秆发电为例,秸秆体积较大,分布比较分散,造成收集和运输成本较高,且秸秆不易保存,也会增加存储成本;电厂对秸秆的收储成本要达到 300 元 /t 左右,如果每 kWh 电消耗 1kg 秸秆,换算秸秆成本就可能达到 0.3 元 /kWh。而秸秆多元化利用带来的原料竞争将进一步推动秸秆价格的上升。垃圾发电的成本同样是高于煤电,垃圾发电成本主要包括折旧与摊销、直接材料、直接人工、燃料动力费等。以日处理生活垃圾设计能力 1 000t 的垃圾焚烧发电项目为例,总投资可达 4.7 亿元,在运行过程中,还有烟气药剂费用、化学水药剂费用等投入,根据已有数据,垃圾发电的原材料、燃料动力和人工等成本占到总成本的 60% 左右。较高的发电成本降低了生物质发电企业的市场竞争能力,不利于生物质发电产业持续发展。

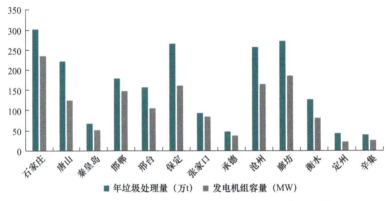

图 7-5　河北省各地区年垃圾处理量与发电装机容量

3. 补贴退坡问题

为鼓励可再生能源的开发利用,在可再生能源产业发展初期,国家出台了一系列扶持政策,针对可再生能源成本较高的问题,采用了标杆电价制度,农林生物质发电项目按照《国家发展改革委关于完善农林生物质发电价格政策的通知》的规定,标杆电价定为 0.75 元 /kWh。垃圾发电项目制定的标杆电价为 0.65 元 /kWh。标杆电价制度对生物质发电产业的发展起到关键性作用。但随着技术的进步,可再生能源发电成本逐渐下降,特别是风电、光伏发电的成本已经低于煤电成本,国家和各省市也开始取消可再生能源电价补贴。2020 年国家出台《关于促进非水可再生能源发电健康发展的若干意见》,提出要以收定支，合理确定新增补贴项目规模。中央财政不再补贴新增的海上风电和光热项目。非水可再生能源发电项目将转入到市场化配置机制，推进绿色电力证书交易。在补充通知中，确定生物质发电项目，包括农林生物质发电、垃圾焚烧发电和沼气发电项目，全生命周期合理利用小时数为 82 500h，生物质发电项目自并网之日起满 15 年后，无论项目是否达到全生命周期补贴电量，不再享受中央财政补贴资金，核发绿证准许参与绿证交易。同年印发的《完善生物质发电项目建设运行的实施方案》中，明确提出生物质发电项目的补贴机制，对 2021 年起规划内已核准未开工、新核准的生物质发电项目全部通过竞争方式配置并确定上网电价；对于新纳入补贴范围的项目，补贴资金由中央地方共同承担，但中央承担的部分将逐年调整并有序退出。在《2021年生物质发电项目建设工作方案》中对中央和地方承担的比例进行了明确。

国家提出生物质发电项目补贴退坡方案后，各省也开始出台相关政策。2023 年，河北省发布了《河北省发展和改革委员会关于生物质发电上网电价有关事项的通知》，针对 2022 年以后核准的生物质发电项目、2021 年底前核准但未开工的生物质发电项目，以及 2021 年底前核准且开工在建但在 2023年 6 月 30 日前仍未全部机组并网的生物质发电项目，上网电价按同期燃煤发电基准价执行，现行的标准为河北南网 0.364 4 元 /kWh、冀北电网 0.372 0元 /kWh。在条件成熟的情况下，鼓励通过竞争性配置方式形成上网电价。政策的变化对生物质发电产业带来重大的影响，以河北南网的垃圾发电项目为例，目前垃圾发电电价为 0.65 元 /kWh，其中燃煤基准价格为 0.364 4 元 /kWh，省级电价补贴 0.1 元 /kWh，中央的电价补贴为 0.185 6 元，占到总电价的 28.55%。这部分补贴如果取消，将对垃圾发电项目的经济性评价结果带来极大的影响。

7.3　河北省生物质发电产业发展战略建议

7.3.1　明确生物质能产业的定位

通过清洁能源替代，提高非化石能源在能源消费中的比例，从而构建绿色能源体系是实现"双碳"目标的重要途径。所以近年来，我国加快了风电、光伏、生物质能、氢能等可再生能源的开发与利用，但不同于风电、光伏等能源，生物质发电在可再生能源发电中的规模较小，但它承担着多重角色。首先它承担着解决城乡各类有机废弃物的无害化、减量化处理的任务，随着人们消费能力的增强，城乡垃圾处理量持续增长，而人们对美好环境的需求不断提高，垃圾处理成为新时期关系国计民生的重要问题，发展垃圾发电，可以在产出电能和热能的同时，有效对生活垃圾进行无害化处理，因此具有显著的环境效益。同时，发展生物质能源产业也是乡村振兴的重要手段，生物质发电的原料主要是对农林剩余物、有机生活垃圾和畜禽粪污等，将这些变废为宝，可以提高农村居民收入，有利于乡村振兴。因此，在对生物质能产业进行规划和政策制定时，将充分考虑到该产业的多重定位，因地制宜地采取相应措施。

7.3.2　保障生物质能产业链的协同规划

生物质发电产业链上游是原料的收集、存储和运输，中游是各种类型的生物质发电，下游为生物质电能利用。通过目前河北省生物质发电产业现状可以看出，整个产业链涉及多个管理部门，包括河北省发展改革委、河北省农业农村厅、河北财政厅、河北省能源局、河北省自然资源厅、河北省生态环境厅、河北省住建厅等等，这种多部门管理状况不利于生物质能相关规划和政策的有效衔接。为促进整个产业链的协同发展，在管理方面，应确定牵头部门，形成各部门之间协同管理机制。

7.3.3　因地制宜，合理布局生物质发电项目

合理规划生物质发电项目的数量、规模和位置是保障该产业高质量发展的重要因素。为此，要准确梳理和估计河北省各地区未来生物质能原料的可开发量，在农作物集中的地区布局秸秆发电项目，另外，还要充分考虑到秸秆的可持续供应问题，合理规划秸秆发电和非电利用，避免因资源竞争对秸秆利用产业带来严重影响。将生物质发电项目布局与农作物秸秆加工基地布局统一规划，保障产业链各环节的衔接。垃圾发电项目承担着优化城乡生活环境的任务，各地区规划垃圾发电项目时应以实现生活垃圾焚烧能力全覆盖为目标，但同样还要考虑到原料持续性问题，垃圾处理覆盖区域应与发电项目的规模相适应，避免布局过于密集造成原料供应不足。

7.3.4　提高现有生物质发电项目利用效率

近年来河北省生物质发电装机规模增长迅速，但许多项目未达到设计的生产能力。因此，不能仅关注生物质发电项目在数量上的增加，还要实现生物质产业的高质量发展，应充分挖掘现有生物质发电项目的利用潜力。现在一些生物质发电项目未达到设计生产能力的重要原因就是原料供应不足，为此，应扩大原料收集范围，采取激励措施，提高秸秆回收利用比例。

对于现有一些垃圾发电项目利用效率不高的问题，在增加垃圾处理覆盖区域的同时，还要提高垃圾利用效率。在生活垃圾中，厨余垃圾的含水量较高，垃圾的高含水量和强黏附力会增加垃圾机械分选和其他预处理的难度，降低垃圾热值，从而降低发电效率，为处理高含水量垃圾而增加的辅助燃料提高了发电成本，另外，未分类垃圾在处理中还存在对设备产生损害的风险。为提高现有生物质发电项目的利用效率，河北省应建立完善的垃圾分类管理制度。

7.3.5　促进生物质发电产业向综合服务转变

在成本较高而补贴逐渐退坡的形式下，单纯生物质发电项目的效益严重下降，因此，在未来的规划中，应侧重于生物质发电产业的多元化发展，一方面未来生物质发电项目应能够提供多元化服务，将供电、供热、供气等相结合，提高生物质发电产业的综合效益。另一方面，充分发挥生物质发电在新型电力系统构建中的作用。以清洁能源发电为主是新型电力系统的显著特征，风电、光伏发电、生物质发电等将成为未来电力系统的主要发电形式，风电、光伏受到自然因素影响，具有出力不稳定性，而生物质发电出力稳定可作为风电和光伏的调峰电站，将生物质发电与其他清洁能源发电形式结合，多能互补，提高资源的综合利用水平。

第 8 章

多方协同下清洁能源产业发展策略研究
——以分布式光伏为例

8.1 分布式光伏项目投资的三方演化博弈模型

8.1.1 演化博弈理论基础

演化博弈理论主要研究有限理性的参与者如何随着时间的推移，在不断地重复博弈过程中通过自适应的学习来提高或优化收益，研究的是参与方的有限理性行为，研究其行为演化过程中稳定性，判断参与方的行为选择是否经过演化博弈达到了演化稳定策略，即 ESS（Evolutionary Stable Strategy）。演化博弈理论是融合了生物学中进化论的精髓即演化思想，以及经典博弈论的基本原理而成，它实现了主体博弈分析与时间动态演化分析的结合，为人们理解各博弈主体之间的动态演化，和在这一过程中各主体所做的行为选择，以及为何做出这样的选择提供了一个有益的探究方法。

演化博弈中复制动态方程和演化稳定策略是两个核心概念，解释了参与者在决策过程中经历学习、修改、模仿、博弈，最终达到演化稳定的状态和全过程。

1. 复制动态方程

最早由生态学家泰勒和乔治提出，其含义为在有限理性的种群中各群体分别采取当下高收益策略进行博弈，但随着博弈进行，各群体可随时修改策略使得收益提高，超过种群平均收益，最终种群中采取这一策略的群体比例改变，是描述某一策略被一个群体采用频率的微分方程。

$$F(x_i) = \frac{\mathrm{d}x_i}{\mathrm{d}t} = x_i[u(s_i, x) - u(x, x)] \tag{8-1}$$

式中：x_i 表示一个种群中采取策略 s_i 的人数比例；$u(s_i, x)$ 表示采取策略 s_i 获得的收益；$u(x, x)$ 表示一个种群的平均收益。

2. 演化稳定策略

是由 Smith Maynard 和 Price 在 20 世纪 70 年代提出的，其主要含义为：一个有限理性种群中的个体或群体为保证收益最大化，会在博弈过程中学习、模仿、修改，不断调整自己的策略，最终种群内实现动态平衡，各群体采取的策略一旦改变收益便会减少，各方都不会轻易改变策略，这一状态下的各方的策略组合变为演化稳定策略。

$$u[s_i, \delta s_j + (1-\delta)s_i] > u[s_j, \delta s_j + (1-\delta)s_i] \tag{8-2}$$

式中：s_i 和 s_j 表示两种不同的策略；$u[s_i, \delta s_j + (1-\delta)s_i]$ 表示种群中大群体选择策略 s_i，选择策略 s_i 的群体获得的收益；$u[s_j, \delta s_j + (1-\delta)s_i]$ 表示种群中大群体选择策略 s_j，选择策略 s_j 的群体获得的收益。所以式（8-2）表达的意思为种群中大部分群体采取策略的收益一定优于剩下小部分群体策略对应的收益。如果上述公式成立，则 s_i 为演化稳定策略 ESS。

8.1.2　问题描述

分布式光伏（DPV）项目面临的问题包括：在政策方面，政府光伏补贴退坡，过度依赖补贴的 DPV 项目利润额受到影响。在成本方面，2020 年 6 月之后，光伏系统成本上涨，较高的技术成本成为影响发电商积极建设 DPV 的重要因素。在消纳方面，作为电能主要运输主体的电网在消纳新增光伏发电容量方面举足轻重，发挥的作用不容忽视。且截至 2023 年底，河北省 DPV 累计装机已达 24.16GW，但巨大的光伏电量和电网容量并不匹配，消纳问题突出，2024 年第二季度 DPV 可开放容量显示，各地区允许 DPV 上网的容量并不多，很多地区甚至为 0。另外，国家配套政策以及相应市场机制仍不完善。基于以上问题，本节构建了政府 G- 发电商 P- 电网 E 的演化博弈模型，目的是探究 DPV 产业发展的阻碍因素，寻找解决方案。模型中假定 DPV 项目符合在满足自身消纳外，余电上网的条件。政府指省级政府；发电商表示各类未来有意愿投建 DPV 项目的主体，包括户用自然人、各类工商业主体等；电网是负责电能变压、提供区域内低压电能分配、并可进行综合能源服务等工作的配电网企业。

8.1.3 模型假设

1. 假设 1：博弈前提

博弈参与各方均为有限理性，以利益最大化为目标，参与方信息掌握不完全、不对称，也无法提前获得其他参与方策略选择结果，可以随时根据其他参与方策略变化或进行策略预测，来更改自身策略，确保收益最大。

2. 假设 2：三方策略

在激励 DPV 项目建设过程中，政府可以选择从各方进行辅助并对电网进行监管，制定系列政策法规，执行奖罚措施，扩宽 DPV 发展路径，其策略集合为{辅助，不辅助}，对应概率{x, $1-x$}（$x \in [0, 1]$）；发电商可决定是否响应国家号召，积极推进可再生能源发电计划，其策略集合为{建设，不建设}，对应概率{y, $1-y$}（$y \in [0, 1]$）；电网将根据自身运行状况及预计收益，考虑策略选择，其策略集合为{配合，不配合}，对应概率为{z, $1-z$}（$z \in [0, 1]$）。

3. 假设 3：各方成本

政府在此过程中起到侧面辅助的作用，在辅助过程中，需对项目相关方进行管控、约束、监督，制定强制性、激励性政策，需付出财政补贴，承担规制立法成本，权力实施成本等多类成本，确定综合成本为 C_1。发电商若选择"建设"，则需承担大额度的投资成本 C_2，包括建设与运行费用，若政府进行"辅助"，则发电商可节省的成本系数为 a_1（$a_1 \in [0, 1]$），若电网积极"配合"，不断提升新能源电力并网技术水平，实现电力及时消纳，则可节省的成本系数为 a_2（$a_2 \in [0, 1]$）。电网在配合 DPV 建设时需承担因不确定发电设施接入而进行的改扩建电网成本以及提供指导时的服务成本等，产生的综合成本为 C_3。

4. 假设 4：各方收益

政府作为公共主体，以社会利益最大为策略选择准则。DPV 项目顺利生产运行存在诸多环境利好。设定政府在辅助前的综合效益为 B_2^G，辅助后的综合效益为 B_1^G，若电网主动配合项目实施，政府可减轻部分财政压力，此时可

获得额外收益 B_3^G。发电商作为有限理性经济人，以自身收益最大为策略选择准则。新增分布式发电一方面可形成电力的自给自足，节省日常用电费用，另一方面其带来的政策补贴与交易扩充也将弥补投资成本，并带来净利润。其建设前的基础收益为 B_1^P，建设后的基础收益为 B_2^P，若和电网配合建设，光伏项目能顺利上网，可获额外收益 B_3^P。电网同样以自身收益最大为策略选择准则，在政府辅助背景下，发电商存在建设意愿，电网方面配套设施同指导及时跟上，电网可避免部分电力远途输送造成的线路损耗，从新增的光电交易中获取输配电收益，并收获政府补贴，也可从过程中向发电商提供综合能源服务而盈利。设其基础收益为 B_1^E，配合项目建设后新增收益 B_2^E。

5. 假设 5：补贴与处罚

若政府采取"辅助"策略，为监督电网因分布式发电不可预测、波动而拒绝入网，并弥补电网受到的打击，激励电网和光伏协同发展，政府将对采取"配合"策略的电网提供不同额度补贴，上限为 M。其中，电网与发电商合作，最终项目顺利投运，对电网的补贴系数为 β_1（$\beta_1 \in [0, 1]$）；电网配合但发电商不计划建设，最终项目建设失败，对电网的补贴系数为 β_2（$\beta_2 \in [0, 1]$）；当发电商意愿建设，但电网态度不积极，项目建设难度加大，政府将对电网进行处罚，处罚额为 N。

6. 假设 6：违约罚金

发电商和电网策略确定后，若双方共同建设 DPV 项目，则需提前签订相关合同，防范参与方违约造成另一方成本增加，所以需规定违约罚金。若发电商或电网其中一方不主动或不积极参与建设，造成结项难度加大，则需向另一方缴纳罚金，其中电网罚金 P_1，发电商罚金 P_2；若双方同时选择不建设光伏项目或同时履约，则不需要缴纳。

7. 假设 7：逻辑比较

政府"辅助"可带来正面良好的社会评价，增加社会福利，所以政府辅助时获得的社会效益大于不辅助时获得的社会效益，即 $B_1^G > B_2^G$；发电商在筹划建设中若可得到电网的帮助，项目低成本、高收益，其将会从项目中获利，即 $B_2^P + B_3^P > C_2$；电网只有在 DPV 项目中获利，才愿意配合，所以电网因此获得的额外收益一定大于配合所需成本，即 $B_2^E > C_3$；政府为激励电网积极参与发电结构转变，增加可再生能源发电比例，对配合且 DPV 项目顺利建设电网的补贴系数大于配合但项目建设失败的电网补贴系数,即 $\beta_1 > \beta_2$。

参照上述假设,演化博弈参与方各有两种策略选择,三方在不同情况下可形成八种策略组合,动态博弈混合策略支付矩阵见表8-1。

表 8-1 　　　　　　　　　　动态博弈混合策略支付矩阵

策略选择		电网配合（z）	电网不配合（$1-z$）	参与主体
政府辅助（x）	发电商建设（y）	$B_1^G+B_3^G-C_1-\beta_1 M$	$B_1^G-C_1+N$	G
		$B_1^P+B_2^P+B_3^P-(1-\alpha_1-\alpha_2)C_2$	$B_1^P+B_2^P-(1-\alpha_2)C_2+P_1$	P
		$B_1^E+B_2^E-C_3+\beta_1 M$	$B_1^E-N-P_1$	E
	发电商不建设（$1-y$）	$B_1^G-C_1-\beta_2 M$	$B_1^G-C_1$	G
		$B_1^P-P_2$	B_1^P	P
		$B_1^E-C_3+\beta_2 M+P_2$	B_1^E	E
政府不辅助（$1-x$）	发电商建设（y）	$B_2^G+B_3^G$	B_2^G	G
		$B_1^P+B_2^P+B_3^P-(1-\alpha_1)C_2$	$B_1^P+B_2^P-C_2+P_1$	P
		$B_1^E+B_2^E-C_3$	$B_1^E-P_1$	E
	发电商不建设（$1-y$）	B_2^G	B_2^G	G
		$B_1^P-P_2$	B_1^P	P
		$B_1^E-C_3+P_2$	B_1^E	E

注　G—政府;P—发电商;E—电网。

8.2　基于 DPV 可持续发展目标的三方演化博弈模型分析

8.2.1　期望收益函数与复制动态方程

根据混合策略博弈支付矩阵,分别计算三主体不同策略选择下的期望收益函数,并推算各主体策略选择比例发生变化的速率,即复制动态方程。

设政府在博弈时选择"辅助"时的期望收益为 U_{G1},选择"不辅助"时的期望收益为 U_{G2},政府总体的平均期望收益为 U_G,则

$$U_{G1} = yz(B_1^G + B_3^G - C_1 - \beta_1 M) + y(1-z)(B_1^G - C_1 + N)$$
$$+(1-y)z(B_1^G - C_1 - \beta_2 M) + (1-y)(1-z)(B_1^G - C_1) \tag{8-3}$$

$$U_{G2} = yz(B_2^G + B_3^G) + y(1-z)B_2^G + (1-y)zB_2^G + (1-y)(1-z)B_2^G \tag{8-4}$$

$$U_G = xU_{G1} + (1-x)U_{G2} \tag{8-5}$$

设发电商在博弈时选择"建设"项目时的期望收益为 U_{P1}，选择"不建设"项目时的期望收益为 U_{P2}，发电商总体的平均期望收益为 U_P，则

$$U_{P1} = xz[B_1^P + B_2^P + B_3^P - (1-\alpha_1-\alpha_2)C_2] + x(1-z)[B_1^P + B_2^P - (1-\alpha_2)C_2 + P_1]$$
$$+(1-x)z[B_1^P + B_2^P + B_3^P - (1-\alpha_1)C_2] + (1-x)(1-z)(B_1^P + B_2^P - C_2 + P_1) \tag{8-6}$$

$$U_{P2} = xz(B_1^P - P_2) + x(1-z)B_1^P + (1-x)z(B_1^P - P_2) + (1-x)(1-z)B_1^P \tag{8-7}$$

$$U_P = yU_{P1} + (1-y)U_{P2} \tag{8-8}$$

设电网在博弈中选择"配合"策略时的期望收益为 U_{E1}，选择"不配合"策略时的期望收益为 U_{E2}，电网总体的平均期望收益为 U_E，则

$$U_{E1} = xy(B_1^E + B_2^E - C_3 + \beta_1 M) + x(1-y)(B_1^E - C_3 + \beta_2 M + P_2)$$
$$+(1-x)y(B_1^E + B_2^E - C_3) + (1-x)(1-y)(B_1^E - C_3 + P_2) \tag{8-9}$$

$$U_{E2} = xy(B_1^E - N - P_1) + x(1-y)B_1^E + (1-x)y(B_1^E - P_1) + (1-x)(1-y)B_1^E \tag{8-10}$$

$$U_E = zU_{E1} + (1-z)U_{E2} \tag{8-11}$$

综上，求解三方复制动态方程并联立，可得演化博弈系统复制动力方程组

$$
\begin{cases}
F(x) = \mathrm{d}x/\mathrm{d}t = x(U_{G1} - U_G) \\
\quad = x(1-x)[yz(\beta_2 M - \beta_1 M - N) + yN + z(-\beta_2 M) + (B_1^G - C_1 - B_2^G)] \\
F(y) = \mathrm{d}y/\mathrm{d}t = y(U_{P1} - U_P) \\
\quad = y(1-y)[x\alpha_2 C_2 + z(B_3^P + \alpha_1 C_2 - P_1 + P_2) + (B_2^P - C_2 + P_2)] \\
F(z) = \mathrm{d}z/\mathrm{d}t = z(U_{E1} - U_E) \\
\quad = z(1-z)[xy(\beta_1 M - \beta_2 M + N) + x\beta_2 M + y(B_2^E - P_2 + P_1) + (-C_3 + P_2)]
\end{cases}
$$

$$\tag{8-12}$$

8.2.2 模型稳定性分析

为得到系统渐进演化稳定点，需对系统的雅可比矩阵进行分析，首先，求得雅可比矩阵为

$$J = \begin{bmatrix} \partial F(x)/\partial x & \partial F(x)/\partial y & \partial F(x)/\partial z \\ \partial F(y)/\partial x & \partial F(y)/\partial y & \partial F(y)/\partial z \\ \partial F(z)/\partial x & \partial F(z)/\partial y & \partial F(z)/\partial z \end{bmatrix}$$

$$= \begin{bmatrix} \begin{matrix}(1-2x)[yz(\beta_2 M - \beta_1 M - N) + yN \\ +z(-\beta_2 M) + (B_1^G - C_1 - B_2^G)]\end{matrix} & x(1-x)[z(\beta_2 M - \beta_1 M - N) + N] & x(1-x)[y(\beta_2 M - \beta_1 M - N) + (-\beta_2 M)] \\ y(1-y)(\alpha_2 C_2) & \begin{matrix}(1-2y)[x\alpha_2 C_2 + z(B_3^P + \alpha_1 C_2 \\ -P_1 + P_2) + (B_2^P - C_2 + P_1)]\end{matrix} & y(1-y)(B_3^P + \alpha_1 C_2 - P_1 + P_2) \\ z(1-z)[y(\beta_1 M - \beta_2 M + N) + \beta_2 M] & z(1-z)[x(\beta_1 M - \beta_2 M + N) + (B_2^E - P_2 + P_1)] & \begin{matrix}(1-2z)[xy(\beta_1 M - \beta_2 M + N) \\ +x\beta_2 M + y(B_2^E - P_2 + P_1)]\end{matrix} \end{bmatrix}$$

通过求解雅可比矩阵特征值，联系各纯策略均衡点，判断各点的演化稳定性。由 Lyapunov 第一法则可知，当雅可比矩阵特征值在某均衡解下均为非正值，对应点为渐进稳定点，即 ESS，其余点为非稳定点。当各参与主体的策略选择比例变化速率为 0，即 $F(x) = F(y) = F(z) = 0$ 时，得到三方博弈系统的局部均衡点。存在 8 个纯策略均衡点 $E_1(0, 0, 1)$、$E_2(0, 0, 1)$、$E_3(0, 1, 0)$、$E_4(1, 0, 0)$、$E_5(1, 1, 0)$、$E_6(0, 1, 1)$、$E_7(1, 0, 1)$、$E_8(1, 1, 1)$ 共同构成解的边界 $R = \{(x, y, z) \| x = 0, 1; y = 0, 1; z = 0, 1\}$，其余为混合策略均衡点。根据纳什均衡理论和 Reinhard 的验证，博弈模型演化稳定点一定遵循严格纳什均衡，因此博弈的稳定状态只存在于纯策略均衡点，所以只讨论上述 8 个边界均衡点。得到雅可比矩阵特征值见表 8-2，基于前文假设，部分特征值判断如表所示。

表 8-2 雅可比矩阵特征值

均衡点	λ_1	λ_2	λ_3
$E_1(0, 0, 0)$	$B_1^G - C_1 - B_2^G$	$B_2^P - C_2 + P_1$	$-C_3 + P_2$
$E_2(0, 0, 1)$	$-\beta_2 M + B_1^G - C_1 - B_2^G$	$B_3^P - (1-\alpha_1)C_2 + P_2 + B_2^P > 0$	$-(-C_3 + P_2)$
$E_3(0, 1, 0)$	$N + B_1^G - C_1 - B_2^G$	$-(B_2^P - C_2 + P_1)$	$B_2^E + P_1 - C_3 > 0$
$E_4(1, 0, 0)$	$-(B_1^G - C_1 - B_2^G)$	$B_2^P - (1-\alpha_2)C_2 + P_1$	$\beta_2 M - C_3 + P_2$
$E_5(1, 1, 0)$	$-(N + B_1^G - C_1 - B_2^G)$	$-[B_2^P - (1-\alpha_2)C_2 + P_1]$	$\beta_1 M + N + B_2^E + P_1 - C_3 > 0$
$E_6(0, 1, 1)$	$-\beta_1 M + B_1^G - C_1 - B_2^G$	$-[B_3^P - (1-\alpha_1)C_2 + P_2 + B_2^P] < 0$	$-(B_2^E + P_1 - C_3) < 0$

均衡点	λ_1	λ_2	λ_3
$E_7(1,0,1)$	$-(-B_2M+B_1^G-C_1-B_2^G)$	$B_3^P+B_2^P+P_2-(1-\alpha_1-\alpha_2)C_2>0$	$-(\beta_2M-C_3+P_2)$
$E_8(1,1,1)$	$-(-B_1M+B_1^G-C_1-B_2^G)$	$-[B_3^P+B_2^P+P_2-(1-\alpha_1-\alpha_2)C_2]<0$	$-(\beta_1M+N+B_2^E+P_1-C_3)<0$

8.2.3　演化稳定策略分析

由于影响政府、电网和发电商行为策略选择的因素众多，为方便分析各均衡点稳定性，下面将分四个情形依次进行讨论。

1. 情形 1

$$\begin{cases} B_1^G-B_2^G-C_1-\beta_1M>0 \\ B_2^P+P_1-(1-\alpha_2)C_2>0 \\ P_2+\beta_2M-C_3>0 \end{cases}$$

即政府选择"辅助"时可在电网与发电商协作建设项目中获益，且当发电商与电网仅一方对发展项目表现积极，另一方均可凭借违约罚金、政府补贴或者 DPV 发电基础收益来弥补项目方面成本，收获利润。均衡点局部稳定性分析（1）见表8-3。由表8-3可知，此时 $E_8(1,1,1)$ 为此情形唯一 ESS，系统的演化稳定策略为 { 政府辅助，发电商建设，电网配合 }。因为有利可图，三方均愿意为项目付诸行动，彼此依靠，预计 DPV 项目建设在此时可稳步推进。此情形同样是现阶段理想实现的目标。

2. 情形 2

$$\begin{cases} B_1^G-B_2^G-C_1-\beta_1M>0 \\ B_2^P+P_1-(1-\alpha_2)C_2<0 \\ P_2+\beta_2M-C_3<0 \end{cases}$$

即政府选择"辅助"时可在电网与发电商协作建设项目中获益；发电商在缺乏电网协助时无法从赔偿罚金和独立建设的项目中获取额外利润，净收益为负；电网配合时做出的工作得不到利用，即项目建设落空，同样无法使用罚金与补贴来填补前期投入。根据表8-3可知，$E_4(1,0,0)$ 和 $E_8(1,1,1)$ 均为此情形的 ESS，系统的演化稳定策略为 { 政府辅助，发电商不建设，电网不配合｝和｛政府辅助，发电商建设，电网配合｝。此情形下，不论结果如何，政府均可在"辅助"中获利，所以其愿意保持这一策略收获更多，而发电商与电网在单独行动时，都会入不敷出，他们的策略会视另一方选择而定，存在两种演化均衡。

3. 情形 3

$$\begin{cases} B_1^G - B_2^G - C_1 + N < 0 \\ B_2^P + P_1 - C_2 > 0 \\ P_2 - C_3 > 0 \end{cases}$$

即政府无法通过辅助后新增收益与罚金收益来补足成本；发电商在无政府辅助、无电网配合，较高难度建设项目后，其运营 DPV 带来的收入与电网缴纳罚金之和大于初始的高成本，仍存在利润空间；电网也可在无政府辅助的情况下使利润非负。均衡点局部稳定性分析（2）见表 8-4。根据表 8-4 可知，E_6（0，1，1）为此情形唯一 ESS，系统的演化稳定策略为｛政府不辅助，发电商建设，电网配合｝。此情形下，政府在辅助时净收益始终为负，考虑自身利益最大化，政府必然会选择"不辅助"，减少损失。发电商与电网在无政府帮助时，仍可从自身的正向选择中增加收益，两方可以不凭借第三方支持而协同发展。

4. 情形 4

$$\begin{cases} B_1^G - B_2^G - C_1 + N < 0 \\ B_2^P + P_1 - C_2 < 0 \\ P_2 - C_3 < 0 \end{cases}$$

即政府无法通过辅助后新增收益与罚金收益来补足成本；在政府"不辅助"时，发电商和电网均无法单独行动，结果始终亏损。根据表 8-4 可知，E_1（0，0，0），E_6（0，1，1）为此情形的 ESS，系统的演化稳定策略为｛政府不辅助，发电商不建设，电网不配合｝和｛政府不辅助，发电商建设，电网配合｝。此时，同情形 3，政府选择"不辅助"策略，维护利益，发电商与电网都无法单独选择正向的策略，因此需预测对方策略，只有和对方互相配合才有获利的可能。

表 8-3　　　　　　　　　均衡点局部稳定性分析（1）

均衡点	情形 1				情形 2			
	λ_1	λ_2	λ_3	稳定性	λ_1	λ_2	λ_3	稳定性
$E_1(0,0,0)$	+	+/−	+/−	非稳定点	+	−	−	非稳定点
$E_2(0,0,1)$	+	+	+/−	非稳定点	+	+	+	非稳定点
$E_3(0,1,0)$	+	+/−	+	非稳定点	+	+	+	非稳定点
$E_4(1,0,0)$	−	+	+	非稳定点	−	−	−	ESS
$E_5(1,1,0)$	−	−	+	非稳定点	−	+	+	非稳定点
$E_6(0,1,1)$	+	−	−	非稳定点	+	−	−	非稳定点
$E_7(1,0,1)$	−	+	−	非稳定点	−	+	+	非稳定点
$E_8(1,1,1)$	−	−	−	ESS	−	−	−	ESS

表 8-4　　　　　　　　　均衡点局部稳定性分析（2）

均衡点	情形 3				情形 4			
	λ_1	λ_2	λ_3	稳定性	λ_1	λ_2	λ_3	稳定性
$E_1(0,0,0)$	−	+	+	非稳定点	−	−	−	ESS
$E_2(0,0,1)$	−	+	−	非稳定点	−	+	+	非稳定点
$E_3(0,1,0)$	−	−	+	非稳定点	−	+	+	非稳定点
$E_4(1,0,0)$	+	+	+	非稳定点	+	+/−	+/−	非稳定点
$E_5(1,1,0)$	+	−	+	非稳定点	+	+/−	+	非稳定点
$E_6(0,1,1)$	−	−	−	ESS	−	−	−	ESS
$E_7(1,0,1)$	+	+	−	非稳定点	+	+	+/−	非稳定点
$E_8(1,1,1)$	+	−	−	非稳定点	+	−	−	非稳定点

8.3　数值仿真

系统长期均衡状态是多因素组合作用的结果，根据前文系统复制动力方程组可知，政府—发电商—电网企业演化博弈模型稳定策略会受到 B_1^G、B_2^G、

C_1、B_2^P、B_3^P、C_2、α_1、α_2、B_2^E、C_3、M、N、P_1、P_2 的干扰,单因素与多因素组合变化均可产生不同的演化结果。为验证特定情形三方博弈稳定性,探索初始状态以及关键参数对行为的作用效果,直观反映演化轨迹,本文将运用 Matlab 软件进行数值模拟仿真,分析参与方行为演化过程。

8.3.1　各情形下数值仿真检验

现基于前文情形,分别对各参数进行初始值假设,各情况影响因素初值设定见表 8-5。为全面展示不同参数组合能够出现的稳定点并展示演化细节,数值仿真将输出演化三维及二维结果图,三维结果图中众曲线的汇集点即为演化稳定点,曲线的弯折表示策略选取随时间的变动;二维结果图可明确反映各主体行为变动速率与终极状态。分别利用三维图的全局纵览性与二维图的细节可观性展现博弈过程,设定演化时间步长为 [0, 50]。分别设置三维图演化主体的初始意愿在 [0, 1] 区间等距递增,二维图初值均等于 0.5。

表 8-5　　　　　　　　　　各情形影响因素初值设定

情形	B_1^G	B_2^G	C_1	B_2^P	B_3^P	C_2	α_1	α_2	B_2^E	C_3	M	β_1	β_2	N	P_1	P_2
1	20	8	5	2.3	1	3	0.2	0.3	2.5	1.3	2	0.8	0.6	0.5	1	2
2	20	8	5	2.2	2	4	0.2	0.3	2.5	2	2	0.8	0.6	0.5	0.5	0.5
3	15	8	8	2.3	1	3	0.2	0.3	2.5	1.3	2	0.8	0.6	0.5	1	2
4	15	8	8	2.3	1	3	0.2	0.3	2.5	1.3	2	0.8	0.6	0.5	0.5	0.5

1. 情形 1

此情形下三方只要采取正向选择,不论其余两方决定何种策略,均会谋得利益,情形 1 演化图如图 8-1 所示。图 8-1(a)中代表各方意愿变化曲线的最终交汇点直观显示了此情形下稳定策略组合(1,1,1),即{辅助,建设,配合},演化过程较为简单。图 8-1(b)更说明,全程政府与电网对发电商选择"建设"起到一定带动作用,前两者意愿趋于 1 的速度较后者更快,其中政府作为整体"带头人","辅助"意愿在最短时间收敛于 1,此后电网跟随,发电商最后,三方最终在 $t=2$ 时实现均衡。

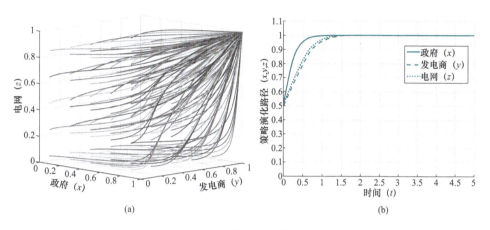

(a)　　　　　　　　　　　　　　(b)

图 8-1　情形 1 演化图

（a）三维演化图；（b）二维演化图

2. 情形 2

此情形下政府可从辅助中获益，发电商与电网只有集体行动才会有收获，情形 2 演化图如图 8-2 所示。图 8-2（a）中各曲线最终汇集于顶点（1，1，1），即演化稳定策略组合为 { 辅助，建设，配合 }。图 8-2（b）也呈现这一现象，发电商与电网的演化曲线贴近重合，双方相互依存、相互配合则共同获益，一方缺位，则盈转为亏。其中，政府的辅助意愿仍以最快速度趋于 1，其余两方次之，三方最终在 t 处于 2 ～ 3 时实现均衡。

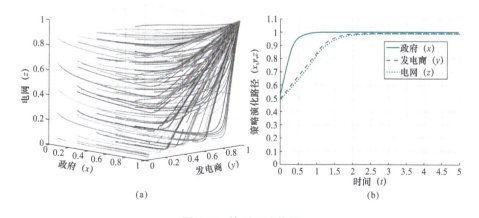

(a)　　　　　　　　　　　　　　(b)

图 8-2　情形 2 演化图

（a）三维演化图；（b）二维演化图

3. 情形 3

此情形下政府因辅助而亏损，但发电商与电网只要对项目建设表积极态度即可盈利，情形 3 演化图如图 8-3 所示。图 8-3（a）中众曲线的交汇点为（0，1，1），即演化稳定策略组合为{不辅助，建设，配合}。由图 8-3（b）可知，此情形下政府的辅助意愿逐渐降低，最终稳定于 0，发电商前期演化与电网基本同步，在中后期以微小幅度逐渐超越电网，先收敛于 1，三方最终在 t 处于 2～3 时实现均衡。

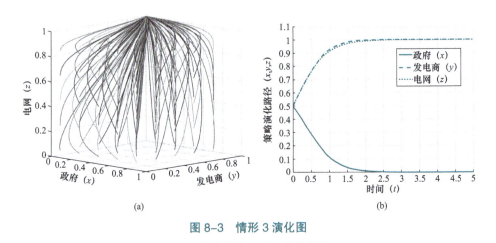

图 8-3　情形 3 演化图

（a）三维演化图；（b）二维演化图

4. 情形 4

此情形下政府因辅助而亏损，发电商与电网在不与其他两方配合时终会损失，演化过程如图 8-4 所示。图 8-4（a）中存在两个聚集点（0，0，0），（0，1，1），即演化稳定策略组合为{不辅助，不建设，不配合}与{不辅助，建设，配合}。如图 8-4（b）所示，政府的辅助意愿随时间减弱，收敛于 0，发电商与电网演化均衡速度减慢，最终汇集于 1，三方最终在 t 处于 4～5 时实现均衡。

对上述各情形的仿真结果均显示与系统演化稳定推导一致，可证明建立的模型能正确分析系统演化过程，具备有效性。因此本章将继续使用该模型，在情形 1 的基础上，调整初始值，分析影响各主体行为演化结果的相关因子及其作用效果。

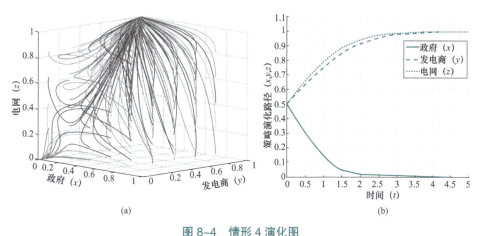

图 8-4　情形 4 演化图

（a）三维演化图；（b）二维演化图

8.3.2　主体初始意愿对各方演化稳定策略的影响

根据系统复制动力方程组可知，各主体的初始选择概率与各参数均能影响群体最终的均衡结果。初始意愿的大小可决定参与方因前期预测而改变的后期策略，为使结果更全面并具说服力，将分别分析各主体不同初始策略选择概率下系统的演化过程与结果，参数设置满足情形 1，先设定初始意愿均为 0.5。

图 8-5 与图 8-6 共同反映博弈主体初始意愿变化对政府策略演化过程的影响。图 8-5 为 x 改变时政府策略演化图，是自身初始意愿变化造成的影响，结果表明，政府初始意愿改变不会影响其最终选择"辅助"的稳定策略，随着初始值的提高，收敛速度加快，x 趋于 1 的时间缩短。图 8-6 为 y、z 改变时政府策略演化图，显示当 $y = 0.3$，$z = 0.1$ 时，政府的收敛速度最快，当发电商与电网的意愿均较低时，政府辅助意愿同样强烈。在三方互相牵制的局面中，政府观察整体发展的同时，对电网的配合行为密切关注，当电网初始意愿不高时，会及时加大监管力度以保证电网方面不会成为制约 DPV 发展的阻碍。

图 8-7 与图 8-8 共同反映博弈主体初始意愿变化对发电商策略演化过程的影响。图 8-7 为 y 改变时发电商策略演化图，显示，发电商最终的策略均为"建设"，当其初始意愿较低时，收敛于 1 的速度呈现慢 – 快 – 慢的现象，

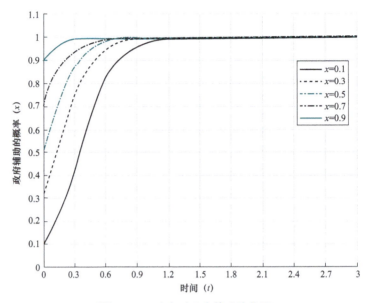

图 8-5　x 改变时政府策略演化图

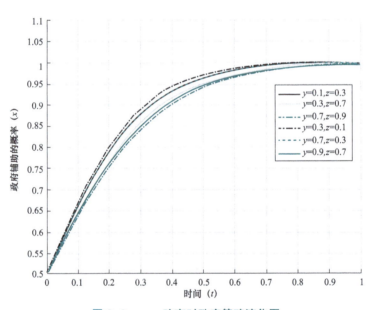

图 8-6　y、z 改变时政府策略演化图

发电商在低意愿选择"建设"后会存在一定的观望缓冲期，确保可圆满实现预期后便坚定决策，收敛加快。随着初始意愿的提高，稳定全过程耗时缩短，更快收敛。图 8-8 为 x、z 改变时发电商策略演化图，可明确表示，政府与电

网的初始意愿将正向作用发电商收敛速度。由于政府与电网协作时存在的诸多利好,发电商在其双方的高意愿帮助下,对项目建设前景表示乐观,策略稳定于"建设"的时间缩短。

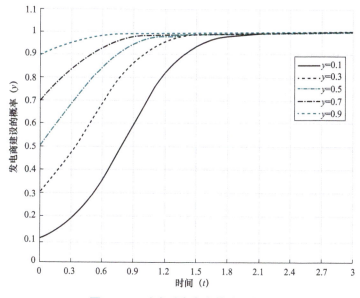

图8-7　y改变时发电商策略演化图

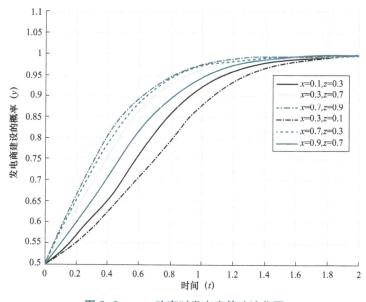

图8-8　x、z改变时发电商策略演化图

图8-9和图8-10共同反映博弈主体初始意愿变化对电网策略演化过程的影响。图8-9为 z 改变时电网策略演化图，显示电网从任意初始意愿出发，最终的稳定结果始终为"配合"。但在较低意愿的前提下，电网在博弈过程中

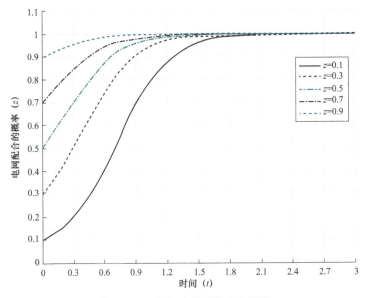

图 8-9　z 改变时电网策略演化图

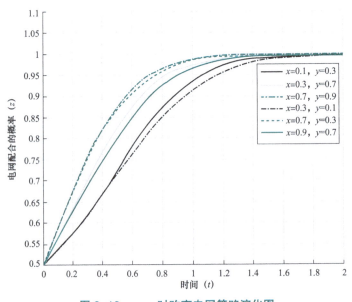

图 8-10　x、y 时改变电网策略演化图

前期的收敛速度较慢，可能也是处于对其他两方决策的预测与确定中，到中后期速度提升。图 8-10 为 z 改变时电网策略演化图，可知，电网"配合"意愿收敛于 1 的速度与政府"辅助"、发电商"建设"的初始意愿正相关，在双方初始意愿强烈时，电网会积极响应，三方将集体发力。并且电网会特别关注发电商的选择，收敛速度受其影响程度较大，电网的配合工作在发电商选择"建设"后可物尽其用，价值最大化，实现最佳资源配置。

由上述分析可知，政府选择"辅助"的意愿比较坚定，收敛于 1 的时间最短，电网次之，发电商最后。政府作为引领各方的"带头人"，会对电网是否实时、合格地接纳，配合 DPV 进行及时监管，使其最大限度发挥功能，解决电力消纳问题，并协同各方消除 DPV 项目建设障碍，畅通发展道路，提升发电商投建积极性。而发电商与电网均对彼此的选择格外关注，两者相互依存的关系导致如此结果。电网方面，即使存在来自政府的压力，但项目可获得或消耗的大额资金将削弱此方面限制，关注点更多集中于发电商。发电商方面，政府的选择同样会影响其项目建设与运营的收益，但输电作为生产电力之后的必须环节加上电网在电力方面专业度可带来的便利化，势必更加影响 DPV 将来的运作，因此，电网的策略选择将更大幅度影响到发电商。在整体发展上，发电商会在政府与电网的共同扶持下加快对光伏发电产业的投资。

8.3.3　政府稳定策略演化因素分析

政府的辅助工作将通过监管电网以及多相关主体，同时减少来源于自身的 DPV 投运负担，降低税收，落实各项激励政策，执行多方面举措进行帮助。设定各主体初始意愿均为 0.5，参数在情形 1 的基础上进行调整，研究相关因素改变对政府行为的影响。

1. 辅助成本

作为公共主体，政府在辅助时的投入会极大影响其决策。保证其他参数不变，令政府辅助成本 C_1 分别取 2、5、8、10、11，不同辅助成本下政府策略演化图如图 8-11 所示。可见，当 $C_1 < 10$ 时，政府的辅助意愿随着成本的增加收敛速度逐渐减小，但最终均收敛于 1；当 $10 < C_1 < 11$ 时，政府的辅助意愿小幅上升后缓慢下降，意愿稳定于"不辅助"；当 $C_1 > 11$ 时，大额的成本使得政府放弃辅助，辅助意愿稳定于 0。虽然政府最初目的通过自身辅助助力光伏，但若前期财政压力较为沉重，会使得政府自顾不暇，长期的亏损也会让政府放弃这一策略，转为不辅助，任由 DPV 与电网自由生长。

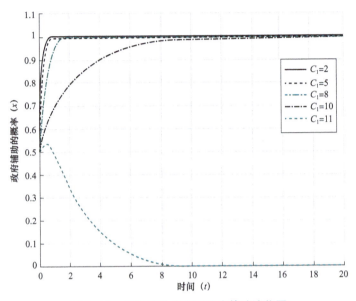

图 8-11　不同辅助成本下政府策略演化图

2. 补贴额

在情形 1 其他参数不变的前提下，令政府最大补贴额 M 分别取 2、5、9、10、15，不同补贴额下政府策略演化图，如图 8-12 所示。可见，政府在 $M < 9$ 时，提供辅助较为坚定，概率趋于 1 的速度较快，当 $M \geq 9$ 时，政府的稳定策略转变为"不辅助"，且随着补贴额的提高，收敛于 0 的演化速度加快，这表明即使政府的资金雄厚，但当达到一定数额时仍然不会继续辅助，这可能影响自身利益，面对国家存在的众多扶持项目，只一方造成的大额补贴同样使政府财政压力加大。对于政府来说，选取合理数额的补贴十分关键，政府期望的是在可接受范围内创造最佳补贴效果。

3. 处罚额

在情形 1 其他参数不变的前提下，令政府对电网的处罚额 N 分别取 0.1、0.5、2.5、4.5、6.5，不同处罚额下政府策略演化图如图 8-13 所示。该图的时间范围设为 [0，1]，据图可看出，针对不同的调整参数 N，政府策略稳定所需时间均很短，处罚额 N 越大，政府演化稳定于"辅助"策略的速度越快，但是速度提升的幅度较小，这是由于较小的处罚金额度对政府各方面的利益基本不构成影响，但作为收入的一部分，处罚金的提升同样会增加政府的辅助意愿，令其在合理范围内调整，可形成更有力的强制作用，这同样是政府监管的核心部分。

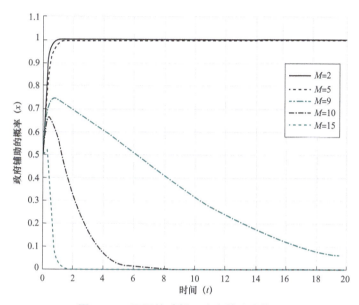

图 8-12　不同补贴额下政府策略演化图

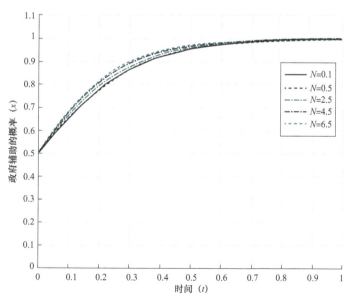

图 8-13　不同处罚额下政府策略演化图

8.3.4 发电商稳定策略演化因素分析

成本与收益是决定项目建设的关键因素，而政府与电网的行动在其中能否起到有效激励作用，是否可以推动可再生能源电力产业的发展，这些都是值得探究的课题。设定各主体初始意愿均为 0.5，参数在情形 1 的基础上进行调整，研究相关因素改变对发电商行为的影响。

1. 投资成本

成本是影响利润的主要因素，作为有限理性经济人，成本对投资者的策略存在显著影响。保证其他参数不变，令发电商投资成本 C_2 分别取 1、3、7、10、11，不同投资成本下发电商策略演化图如图 8–14 所示。发电商在 $C_2 < 7$，选择"建设"的概率均趋向于 1，且随着 C_2 的减小，演化速度加快，低成本时，发电商建设 DPV 的意愿比较强烈。在 $7 < C_2 < 11$ 时，发电商在前期意愿均会下降，后期向 1 收敛，投资成本一定程度的增加会使发电商开始踌躇，确定策略的时间拉长。当 $C_2 > 11$ 后，发电商会果断放弃建设，意愿收敛于 0，高额成本使得发电商无法负担。发电商融资能力有限，自身的资金实力不算强大，当成本过高时，需要政府与电网帮扶，两者从多方面出力，降低项目建设消耗成本，缓解发电商建设项目时资金紧张的问题，激励发电商发电清洁化、多样化。

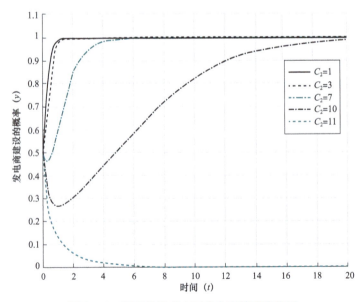

图 8–14　不同投资成本下发电商策略演化图

2. 成本降低系数

政府与电网对 DPV 的帮助集中体现在项目投运成本的降低上，对于发电商而言，对成本与收益的预期直接决定了当下策略的选择。在情形 1 其他参数不变的前提下，令在政府、电网协助下发电商成本的节省系数分别为如下组合：$\alpha_1 = 0.05$，$\alpha_2 = 0.1$；$\alpha_1 = 0.1$，$\alpha_2 = 0.1$；$\alpha_1 = 0.2$，$\alpha_2 = 0.3$；$\alpha_1 = 0.3$，$\alpha_2 = 0.4$；$\alpha_1 = 0.4$，$\alpha_2 = 0.5$。不同成本节约系数发电商策略演化图如图 8–15 所示。图中明显显示，在情形 1 发电商最终收敛于"建设"策略的背景下，成本节约系数的提高会大大激励发电商的投资热情，演化速度加快，但存在的边际贡献递减也会使增加幅度逐渐减小。这表明，成本仍是影响发电商决策的关键因素，为加快推进 DPV 建设，政府可从降低非技术成本入手，帮助畅通贷款渠道，降低项目借用场所难度，增大电力市场包容度等多方面为其节约成本；电网可以在技术上提供及时指导，减少其发输用电过程花费的高成本，非技术上，提供实时需求计划，减少成本浪费。高节省会促使发电商多投建，DPV 在两者的扶持下可平稳推进。

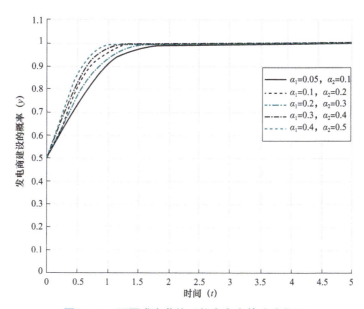

图 8–15　不同成本节约系数发电商策略演化图

8.3.5 电网稳定策略演化因素分析

电网企业在电力的发输配用各环节均起到不可替代的作用，清洁能源发电项目只有上网后才能得到充分利用。但同时，此类能源发电相较于传统化石能源电力，对电网存在诸多危害，因此，清洁能源并网对电网企业提出更高要求，负担加重，电网企业需要综合考虑配合 DPV 前后的可获收益，确定稳定策略。设定各主体初始意愿均为 0.5，参数在情形 1 的基础上进行调整，研究相关因素改变对电网行为的影响。

1. 配合成本

作为有限理性经济人，成本同样对电网企业的选择造成很大影响。保证其他参数不变，令电网企业的配合成本 C_3 分别取 0.5、1.3、3、5、6，不同配合成本下电网策略演化图如图 8-16 所示。电网企业在配合成本 $C_3 < 3$ 时，策略均会稳定于"配合"，在此范围内均可以快速达到均衡，且成本越小，收敛速度越快。而当 $3 < C_3 < 5$ 时，电网企业也会出现"配合"意愿先下降后上升最终收敛于 1 的现象，成本增加同样会增加电网决策时的考虑和观望，演化时间加长。当 $C_3 > 5$ 后，电网企业因为高额成本倾向于选择"不配合"，政府方面小额度的处罚对电网造成的压力也不足以使其转变策略。在面对电

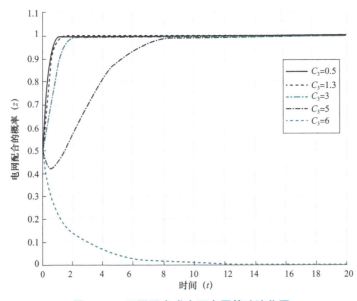

图 8-16 不同配合成本下电网策略演化图

网企业配合意愿因成本增加而逐步降低的情况，政府应适当加大监管力度，设立适度处罚金额，在其花费合理成本的情况下，提高电网企业配合意愿值。

2. 补贴额

在情形 1 其他参数不变的前提下，令政府最大补贴额 M 分别取 2、5、9、10、15，不同补贴额下电网策略演化图如图 8-17 所示。当 $M < 9$ 时，政府给予补贴的增加会使电网企业更加愿意配合发电商，收敛于 1 的时间减小，演化速度加快。但当 $M > 9$ 后，虽然发电商的演化稳定时间缩短了，但速度也较早减缓，此时收敛时间反向延长。高额度补贴会鼓励电网配合，增强其合作的意愿，但补贴达到一定额度后，电网企业一定会配合建设，但补贴达不到应有的激励效果，使其产生懈怠心理，积极性不比低额度强烈，可能存在应付完工现象。

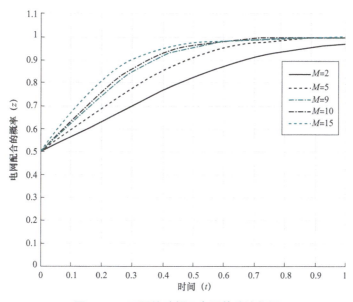

图 8-17　不同补贴额下电网策略演化图

3. 处罚额

在情形 1 其他参数不变的前提下，令电网企业承担的处罚额 N 分别取 0.1、0.5、2.5、4.5、6.5，不同处罚额下电网策略演化图如图 8-18 所示。由图可知，电网企业的策略均会稳定于"配合"，且处罚额越大，电网企业演化速度越快，越早收敛于 1。处罚金的设置是有效的，可以起到限制电网、迫使其配合、容纳 DPV 的作用。与政府相比，处罚金对于电网企业影响效果较为显著，就如在成本中描述的，处罚金应多从电网侧考虑，设定较合理数值，施加有效的执行压力，使罚金效果最大化。

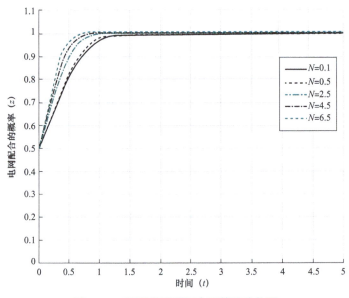

图 8-18   不同处罚额下电网策略演化图

8.4   DPV 投资的三方演化博弈与政策建议

2017 年，分布式光伏度电补贴首次下调 0.05 元，到 2018 年，国家发展改革委、财政部和国家能源局联合发布了《关于 2018 年光伏发电有关事项的通知》，将新建项目补贴每千瓦时再度下降，分布式光伏调整为 0.32 元 /kWh。2019 年户用分布式光伏调整为 0.18 元 /kWh，2020 年下调到 0.05 元 /kWh，而到 2021 年，直接取消了补贴。补贴对前期分布式光伏发展激励效果明显，但在政府撤出补贴后，需要分析如何保障分布式光伏平稳、顺利过渡。分布式光伏投资商也在分布式光伏环境友好、发电可持续、就地生产消纳、可及时满足电力需求等诸多优点中考虑到初始投资大、投资回收期长、收益滞后、交易困难等缺陷，陷入决策两难。电网企业作为负责输电、配电、用电等电能消纳环节不可或缺的主体，由于接纳分布式光伏既存在可缓解用电紧张，推动电力体制改革的优点，但也使电力系统安全遭到威胁，对于是否协助项目建设存在顾虑。三方均具有对各策略的选择动机，因此，通过分析各方策略选择的博弈，得到如下结果。

（1）作为社会公共主体的政府，策略选择往往要同时考虑外部效益和内部效益。基于鼓励分布式光伏独立、优质发展的目的，无论发电商与电网企业的初始选择如何，即不管两者初始意愿的大小，政府最终均会稳定于辅助策略。随着两者对于建设项目的表现越消极，政府的辅助意愿越强烈，加大辅助力度，起到及时激励、监督的作用，同时，着重观察电网企业的行为选择，防止电网企业对分布式光伏建设造成障碍，其期望可以达到分布式光伏与电网协同发展、合作共赢的理想状态。若政府辅助后获得新增综合效益与处罚之和小于花费的综合成本，出于对自身经济效益的考量，也会逐渐减小帮扶力度，甚至放弃辅助，此时的发电商与电网企业也可能因为成本增加和处罚减少而降低建设与协助的热情，光伏发展遇到困难，清洁能源无法得到充分利用，出现弃光现象。

（2）分布式光伏发电商的策略选择更加关注自身利益，利益最大化是其决策的最终目标。光伏项目电力生产与消纳的经济性与可行性是影响发电商决策的重点。对于光伏电力生产，项目建设的初始投资成本极大影响到发电商决策，大额成本会让发电商退却，出现决策的犹豫期，发电商会结合其余各方的选择反复考虑决策的正确性，若数额使其无法承担，发电商会果断放弃，政府与电网企业在降低成本中起到重要作用，因此也成为影响发电商选择的因素。对于光伏电力消纳，因为和电网的紧密联系，发电商的选择更大程度受限于电网，电能是否被及时送至负荷，电网企业是否会因为输配电线路拥挤或光伏电力随机性可能对系统稳定造成影响等原因而拒绝其上网，项目在缺乏专业指导时建设难以达到政策规定的运行要求，完工成本加大等问题会严重打击发电商建设生产的积极性，从而电网选取协助策略的初始意愿相比政府更受发电商关注。

（3）作为经济主体的电网企业做出选择时会首先估计行为的经济性，而在此过程中不仅要考虑接纳分布式光伏需要付出的专业技术成本和相应电力相关收益，还需考虑政府为推进新能源电力发展而对电网选择进行干预时进行的处罚与补贴。由此，尽管随着成本增加，电网企业对于协助的意愿逐渐降低，但其中存在一个区间，其需在承担配合成本与缴纳罚金之间进行取舍，收敛过程出现拐点，政府罚金的强制效果得以体现。在政府辅助时，电网企业的协助行动会受到奖励，补贴一定程度的增加会加快电网企业坚定选择协助的速度，但若补贴过度，根据赫兹伯格双因素理论，过度的激励使激励因素转为保健，使补贴成为必然，其激励效果开始递减，电网企业的协助热情下降，最终虽仍会配合，但收敛时间加长。发电商建设项目的选择对电网的作用也很明显，发电商选择建设是项目最终顺利投运的必要条件，电网选择是否配合只是为之提供更通畅、便捷的途径。因此电网企业的选择建立在发电商选择的基础上，两者之间选择的匹配会实现效用最大化，资源配置最佳，电网投入的工作收获满意结果。综上，电网企业的选择将受到多方面影响，也要求政府设立健全、高效的奖惩机制修正电网企业行为，使分布式光伏向着高质量发展平稳过渡。

［1］刘小聪，单葆国，王成洁，等 . 高比例清洁能源替代潜力评估模型及关键影响因素分析［J］. 电网技术，2017，41（9）：2755-2761.

［2］Yu BL，Fang DB，Xiao K，et al. Drivers of renewable energy penetration and its role in power sector's deep decarbonization towards carbon peak［J］. Renewable and Sustainable Energy Reviews，2023（178）：113247.

［3］Wang Z，Zhao XG，Zhou Y. Biased technological progress and total factor productivity growth：From the perspective of China's renewable energy industry［J］. Renewable and Sustainable Energy Reviews，2021（146）：111136.

［4］毛爱涵，李发祥，杨思源，等 . 青海省清洁能源发电潜力及价值分析［J］. 资源科学，2021，43（1）：104-121.

［5］徐喆，吕杰 . 环境规制与新能源产业发展：演化逻辑及优化路径［J］. 内蒙古社会科学，2023，44（1）：124-130.

［6］胡宗义，邱先翼，李毅 . 政府补助对可再生能源投资的门槛效应研究［J］. 财经理论与实践，2020，41（5）：61-69.

［7］赵晓丽 . 中国可再生能源发电的机遇挑战和激励机制设计［M］. 北京：科学出版社，2020.

［8］李博阳，罗光锐，邢冰冰，等 . 绿色信贷对可再生能源发展的影响——理论剖析与实证解读［J］. 资源科学，2023，45（4）：800-811.

［9］赵盛楠 . 考虑需求响应的可再生能源消纳机制及关键技术研究［D］. 东南大学，2020.

［10］冯升波，黄建，周伏秋，等 . 碳市场对可再生能源发电行业的影响［J］. 宏观经济管理，2019（11）：55-62.

［11］Vincent I，Lee EC，Cha KH. The WASP model on the symbiotic strategy of renewable and nuclear power for the future of 'Renewable Energy 3020' policy in South Korea［J］. Renewable Energy，2021（172）：929-940.

［12］Ake SC，Arango FO，Ruiz RSG. Possible paths for Mexico's electricity system in the clean energy transition［J］. Utilities Policy, 2024（87）: 101716.

［13］Lian W W, Sun X Y, Wang Y X, et al. Identification of clean energy development routes under carbon emission constraints: A path towards structural adjustment of the power system［J］. Journal of Cleaner Production, 2024（434）: 140169.

［14］Boulakhbar M, Lebrouhi B, Kouskson T, et al. Towards a large-scale integration of renewable energies in Morocco［J］. Journal of Energy Storage, 2020（32）: 101806.

［15］Stambouli A B, Kitamura Y, Benmessaoud M T A, et al. Algeria's journey towards a green hydrogen future: Strategies for renewable energy integration and climate commitments［J］. International Journal of Hydrogen Energy, 2024（58）: 753-763.

［16］薛金萍, 陈毅莹. 北京氢能产业集群化发展水平及提升路径研究［J］. 环境科学与管理, 2023, 48（12）: 30-34.

［17］周琨, 肖洪安, 龙燕, 等. 河南省生物质能产业区域布局的优化路径［J］. 科技管理研究, 2021, 41（18）: 220-226.

［18］韩刚, 周旭健, 徐帅玺, 等. 浙江省海上风电产业发展路径与政策建议［J］. 中国能源, 2022, 44（1）: 69-74.

［19］何昉, 孔德泰, 闫丽蓉, 等. 新一轮能源革命条件下我国核电发展战略选择——基于SWOT-AHP框架的分析［J］. 中国能源, 2020, 42（7）: 26-30.

［20］傅俊越, 周启刚. 重庆市碳排放及主要污染物的环境库兹涅茨曲线特征研究［J］. 应用化工, 2023, 52（3）: 764-768, 774.

［21］李竞, 侯丽朋, 唐立娜. 基于环境库兹涅茨曲线的我国大气污染防治重点区域环境空气质量与经济增长关系研究［J］. 生态学报, 2021, 41（22）: 8845-8859.

［22］叶阿忠, 郑航, 经济增长对环境污染的非线性效应研究——基于半参数空间模型的再检验［J］. 生态经济, 2022, 38（4）: 177-185.

［23］赵菲菲, 卢丽文. 环境治理视角下环境库兹涅茨曲线的实证检验［J］. 统计与决策, 2022, 38（20）: 174-178.

［24］Tone K. A slacks-based measure of super-efficiency in data envelopment analysis［J］. European Journal of Operation Research，2022（143）：32–41.

［25］李新安，李慧，制造业高质量发展视域下绿色技术创新的碳排放效应研究［J］. 创新科技，2021，21（6）：61–73.

［26］薛飞，刘家旗，付雅梅.人工智能技术对碳排放的影响［J］. 科技进步与对策，2022，39（24）：1–9.

［27］谢和平，吴立新，郑德志.2025年中国能源消费及煤炭需求预测［J］. 煤炭学报，2019，44（07）：1949–1960.

［28］肖金成，魏孟举，刘钊.碳达峰碳中和背景下河北省能源结构优化调整的对策［J］. 中国电力企业管理，2021（34）：60–62.

［29］黄群武，工一平，鲁林平，等.风能及其利用［M］. 天津：天津大学出版社，2015.11.

［30］王建东，刘雅婷，付钰群.河北省氢能产业发展优势及开发性金融支持路径［J］. 河北金融，2022，（03）：16–20.

［31］Li B，Ma ZM，Hidalgo-Gonzalez P，et al. Modeling the impact of EVs in the Chinese power system：Pathways for implementing emissions reduction commitments in the power and transportation sectors［J］. Energy Policy，2021（149）：4201–4215.

［32］Su X，Tan JL. Regional energy transition path and the role of government support and resource endowment in China［J］. Renewable and Sustainable Energy Reviews，2023（174）：113150.

［33］Razi F，Dincer I. Renewable energy development and hydrogen economy in MENA region：A review［J］. Renewable and Sustainable Energy Reviews，2022（168）：112763.

［34］王继龙.北京市能否率先实现"碳达峰"和"碳中和"的思考［J］. 中国能源，2021，43（01）：71–74.

［35］赵路.上海清洁能源发展实施路径的思考［J］. 上海节能，2019（07）：538–545.

［36］程平凡，曾成碧，苗虹.四川省实现高比例可再生能源接入的发展研究［J］. 水电与新能源，2019，33（01）：45–50.

［37］Hanif I，Aziz B，Chaudhry I S. Carbon emissions across the spectrum of renewable and nonrenewable energy use in developing economies of Asia [J]. Renewable Energy, 2019 (143): 586–595.

[38] Boffardi R, Ioppolo G, Arbolino R. A two-step approach to evaluate drivers and barriers to clean energy policies: Italian regional evidence [J]. Environmental Science and Policy, 2021 (120): 173–186.

[39] Alola A A, Akadiri S S. Clean energy development in the United States amidst augmented socioeconomic aspects and country-specific policies [J]. Renewable Energy, 2021 (169): 210–230.

[40] Xilin L, Huiming D, Leiyuhang H. A Novel Riccati Equation Grey Model And Its Application In Forecasting Clean Energy [J]. Energy, 2020 (205): 0360–5442.

[41] 闫晶, 韩洁平, 陈军明. 协同动力视角下新能源产业成长机制研究 [J]. 科技管理研究, 2015, 35 (1): 117–121.

[42] 邵志芳, 吴继兰. 基于仿真的风–电–氢能源系统效益评价 [J]. 计算机仿真, 2018, (08): 87–91, 105.

[43] 杨顺顺. 基于系统动力学的区域绿色发展多情景仿真及实证研究 [J]. 系统工程, 2017, 35 (7): 76–84.

[44] 严旭, 李明; 梁志飞. 基于系统动力学模型的可再生能源消纳保障机制效果模拟 [J]. 南方电网技术, 2021, 15 (03): 39–46.

[45] 凌文, 李全生, 张凯. 我国氢能产业发展战略研究 [J]. 中国工程科学, 2022, 24 (03): 80–88.

[46] 袁家海, 牟琪林, 许传博, 等. 基于系统动力学的中国绿氢产业发展政策仿真 [J]. 中国人口·资源与环境, 2023, 33 (06): 49–58.

[47] 赵振宇, 付钰. 分布式光伏项目空间匹配特征及影响因素研究——以北京市为例 [J]. 能源与环保, 2021, 43 (11): 1–8.

[48] Morcillo JD, Franco CJ, Angulo F. Simulation of demand growth scenarios in the Colombian electricity market: an integration of system dynamics and dynamic systems [J]. Applied Energy, 2018 (216): 504–20.

[49] 万燕鸣, 熊亚林, 王雪颖. 全球主要国家氢能发展战略分析 [J]. 储能, 2022, 11 (10): 3401–3410.